デミヒューマン原産地MAP

●イギリス
- フェアリー ……………………… 56
- ハッグ …………………………… 50
- ゴブリン ………………………… 106
- ケット・シー …………………… 120

●北欧
- エルフ …………………………… 16
- トロール ………………………… 20
- ドワーフ ………………………… 22

●ドイツ
- ドッペルゲンガー ……………… 26
- コボルト ………………………… 116

●フランス
- オーガ …………………………… 58

●大西洋
- ゴルゴン ………………………… 40

●地中海
- ハーピー＆セイレーン ………… 32
- マーメイド ……………………… 60

凡　例
- ■ ……「西洋の亜種」の章に収録
- ■ ……「東洋の亜種」の章に収録
- ■ ……「博物誌の亜種」の章に収録
- ■ ……「ファンタジーの亜種」の章に収録

●東欧
- アマゾン……………………36
- ワーウルフ…………………42
- ヴァンパイア………………46
- ズメウ………………………48

●中東
- グール………………………70

●日本
- 天狗…………………………72
- 雪女…………………………74
- コロポックル………………76
- 河童…………………………78
- 鬼……………………………80

●インド
- ナーガ………………………66
- ヴァナラ……………………68
- スキアポデス………………84
- アストミ……………………90
- キュノケファロス…………92

●インドネシア
- プレミュアエ………………86

●ギリシャ
- ニンフ………………………28
- ケンタウロス………………30
- サテュロス…………………34
- ミノタウロス………………38
- ジャイアント………………52
- ミュルミドーン……………88

●ファンタジー世界
- ホビット……………………96
- ダークエルフ………………100
- ハーフエルフ………………102
- オーク………………………110
- エント………………………112
- マンガブー…………………114
- サハギン……………………118
- リザードマン………………122
- マイルーン人………………124
- リッチ………………………126

3

~Tales of Demihumans~
デミヒューマン物語

世界は、魔王によって支配されていました。
かつて、人間族から出た「桃の勇者」が、仲間とともに魔王に挑んだこともありましたが、それももうずいぶん昔のこと。

時は流れ……
今や世界は、すべて魔王のものとなってしまいました。
そうです。
圧倒的な力を持ち、見目麗しくエロエロボディも艶めかしい魔王に、デミヒューマン（の男）たちは熱狂し、我先にとその軍門に下ってしまったのです。
しかしその裏で、魔王の統治によって幸せを奪われた者もいました……

地下迷宮ラビュリントスに住む、ミノタウロス族の少女おハツちゃんと幼なじみのモン太くんも、幸せを奪われたふたりでした。
熱烈な魔王の追っかけ（マオニスト）になってしまったモン太くん。立派なヒキコモリになってしまった彼を取り戻すため、おハツちゃんは、レジスタンスを結成しようと決意します。
そう、世界を支配する魔王を倒し、失われた幸福をとりもどすために！

案内役のご紹介！

読者のみなさんにデミヒューマンの世界を紹介する、3人の案内役をご紹介！

オラはレジスタンスのリーダー、
ミノタウロスのハツだべ！
モン太さを正気に戻すために、
魔王を倒す者だべさ！
突然あらわれた黒い女！ おめなにもんだべさ！

ハツ

あだ名は「おハツ」または「おハッちゃん」。幼なじみのミノタウロス「ミノ＝モン太」を魔王の呪い（？）から救うべく立ち上がったレジスタンスのリーダー（隊員1名）。迷宮ラビュリントスから一歩も出ずに暮らしていた箱入りならぬ迷宮入り娘であり、田舎者＆世間知らずのため魔王の強さや偉大さをまったく知らない。ゆえに魔王相手に臆せずモノを言える数少ないデミヒューマンでもある（ただ単に無礼なだけとも言う）。

牛娘、そのような威勢のいい咆哮、
ひさびさに聞いたな。
我は魔王、ダークエルフより出でて、
この世界を支配する者だ。
魔王を倒すレジスタンス、実に良いじゃないか。
上に立つ者として、ひとつお前たちの挑戦を
手助けをしてやろうではないか。

この世界の魔王。ダークエルフ族出身で、最高クラスの魔と武力を備えており、あふれ出すカリスマを武器に、全世界を掌握し支配している。

魔王の支配はあまりに盤石すぎるため、最近はライバルらしき存在もおらず、退屈をもてあましていた。そのため自分に反発してくる者を見つけると嬉しくてしかたがない。

魔王

魔王軍 vs レジスタンス

出たな魔王めー。
ついにお前の支配が終わるときが来たのですー。
レジスタンスはお前のせいで不幸になった
種族たちの悲しみを背負って強くなるのだー！
お前がどれだけレジスタンスを
手助けしようとも……手助け？

ふっこ

数千年の時を生きるエルフだが、実年齢は見た目通り（5歳くらい）。魔王のエロスに父がメロメロなせいで夫婦げんかが絶えない両親を見かねて、魔王打倒に立ち上がった。

本人がかたくなに本名を言おうとしないので、ハツは「エルフっ子」を略して「ふっこ」と呼んでいる。両親の影響か種族の特徴か、プライドが高く世の中をナナメから見ている気配が感じられる。

ゲストのみなさんをご紹介！

フェンリル
ワーウルフの一族「氷狼族」出身で、腕っ節自慢の戦士。
かつて「桃の勇者」とともに魔王と戦った仲間のひとり。

ルサルカ
海に住むデミヒューマン一族「海王族」の女王様。ワーウルフとともに「桃の勇者」のしもべとして魔王と戦った経験あり。

ミノ＝モンタ
迷宮ラビュリントスに住むミノタウロス族の男の子。ハツの幼なじみとして引っ込み思案な彼女を守っていたが、魔王の魅力にKOされてすっかりヲタ化してしまった。

き、協力うっ！？ 何かんがえてるべ！
……はっ、その手にはのらねえべさ！ だいち魔王が、魔王を倒そうっていうレジスタンスに協力するなんておかしいべよ！

そもお前たちはメンバー集めに苦労しているのだろう？
そのメンバー探しに、我がコネを使って協力しようと言っているのだ。
魔王と戦うなら仲間が必要だろうに、いまだお前たちはふたりしかいないではないか。

さすが黒いとはいっても我々と同じ長命なるエルフ。
ハツのイチバン痛いところを的確に突いてきたですね。

ふっこちゃん、どっちの味方だべか！？
ぐぬぬぬ、だどもレジスタンスとして魔王の施しを受けるわけにゃいかんべよ！

はじめに

　私たちが大好きな賢人魔法のファンタジー世界には、自然を愛する優雅なエルフ、たくましくて気むずかしいドワーフたちなど、人間とは違う異種族たちの存在が欠かせません。彼らエルフやドワーフのように、人間に近い特徴を持つ異種族のことを、ファンタジーの世界ではよく「デミヒューマン」と呼んでいます。

　本書は、ファンタジー作品や世界の神話伝承に登場するデミヒューマンの種族を紹介する事典です。ファンタジーでおなじみの種族からマイナーな種族まで45組46種を、可愛いイラストとリアルなイラストつきでわかりやすく紹介し、デミヒューマンについての基本的なイメージを身につけることができます。

　巻末のモノクロパートでは、現代ファンタジーの源流となった「J.R.R.トールキン」の代表作『ホビットの冒険』と『指輪物語』、そしてその背景世界「中つ国」を徹底解説。ファンタジー好きなら今さら聞けない基本情報が身につきます。
　ぜひともこの本を片手に、古今東西のファンタジー作品を楽しんでください！

凡例と注意点

凡例
　本文内で特殊なカッコが使われている場合、以下のような意味を持ちます。
・「　」……原典となっている資料の名前
・《　》……原典を解説している資料の名前

ギリシャ語の表記について
　古代ギリシャ語の単語を日本語で表記する場合、古代ギリシャ語の発音にしたがって、伸ばす音をすべて長音記号「ー」で表記する表記法と、長音記号をすべて省略する表記法があります。本書では、基本的に長音記号を省略するほうの表記法で固有名詞を紹介します。
　ただし、ギリシャ由来の固有名詞であっても、ファンタジーの世界で英語に翻訳した名前が有名になっている「ニンフ（ギリシャ読みニュンペ）」と「サイクロプス（ギリシャ名キュクロプス）」については、英語読みのほうを採用します。

その他の固有名詞について
　固有名詞について複数の表記法がある場合、もっとも有名で通りのよい表記法を使用します。そのため人物の名前などが、みなさんの知っている名前とは別の表記法で紹介されていることがあります。

ふむ……我としては万全の戦力を整えてから挑んでもらいたいのだがな。リーダーがどうしても嫌だというなら無理強いはできまい。とはいえお前の村のミノタウロスが100体同時にかかってきても負ける気はしないが……。

（くるりと振り返って）ハッ、ほら、面接の準備するですよ。
なるべく強い仲間をスカウトするです。

ふ、ふっこちゃん!?
うう……な、仲間の意見は大事だべ、けっして施しを受けるわけじゃないだべさ～！

デミヒューマンを知るための2つの必須知識!

これから、アタシたちレジスタンスの仲間になってくれる「でみひゅーまん」をスカウトに行くんだべな。
……んで、「でみひゅーまん」ってなんだべ?

むむっ、なるほど、まずはそこから説明せねばならんか。
このさいだ、デミヒューマンのことを知るために、これだけは絶対に知っておけ! という知識をいくつか紹介しておくとしよう。

必須知識その1! デミヒューマンってどんな意味?

デミヒューマンという言葉は、エルフやドワーフのような「人間ではないが人間っぽい」種族をまとめて呼ぶために作られた言葉だ。

フランス語で "半分"

Demi-human

英語で "人間"

つまり……
"人間に近い種族"

デミヒューマンという言葉は、英語とフランス語を組み合わせた造語で、左のように「人間に近い特徴を持つ種族」、あるいはその種族の一員を指します。

イギリスの『ブリタニカ百科事典』には demi-human という項目はありません。これは神話やファンタジーの人型種族を示す言葉として作られた、新しい言葉なのです。

日本では、デミヒューマンを「亜人(あじん)」と翻訳する。これはデミヒューマンという単語を直訳したもので、もともと日本になかった新しい言葉だな。

必須知識その2！ デミヒューマン研究の必見書！

さて、デミヒューマンについて知ろうと思うなら、事前に知っておくべき資料がいくつかある。これから私が紹介する文献は、デミヒューマンの説明に何度も出てくるからな、だいたいどんなものか覚えておけ。

デミヒューマンのことを知るには、多くのデミヒューマンの原形を紹介した「古代の文献」、デミヒューマンという概念を広めた「ファンタジー小説」、多くのデミヒューマンを紹介した「ゲーム」を知ることが重要です。そのために特に欠かせない3組の文献、作品を紹介します。

デミヒューマンが有名になるまで！

① **古代の文献** で紹介された種族が……

↓

② **ファンタジー小説** で広まり、

↓

③ **ゲーム** が大衆化！

それで、どんな本が大事なわけです？

①古代の文献代表

古代ローマ人が語るデミヒューマンとは？
プリニウスの『博物誌』

1世紀のヨーロッパでは、ローマ帝国という国がヨーロッパと中東、北アフリカを支配する超大国となっていました。その首都ローマには世界中の知識が集まり、異国に暮らすと信じられていた多くのデミヒューマンが、まことしやかに語られていたのです。プリニウスの『博物誌』は、世界の地理や動植物、鉱物などについてまとめた文献で、多くのデミヒューマンが「実在するらしい種族」として紹介されています。

ここに注目！ とりあえず「動物とかデミヒューマンが載っている」ってことはわかったけど、どんな本なのかはあんまりわかんないですね……。魔王は"とりあえず今はそれだけ知っておけ"って言ってますけども？ まあ、94ページで教えてくれるらしいから、それを待とうっと。

②ファンタジー小説代表

ファンタジーはここから始まった!
『ホビットの冒険』『指輪物語』

　『ホビットの冒険』と『指輪物語』は、20世紀イギリスの作家、J.R.R.トールキンのファンタジー小説です。トールキンがこの物語の舞台とした架空の世界「中つ国」は、それまでのファンタジー小説とは比較にならないほど詳細な設定が定められ、多くのデミヒューマンが共存する世界として作られました。エルフ、ドワーフ、ゴブリンなど、それまで「妖精」とされていた種族が「デミヒューマン」となったのはこの作品からです。

ここに注目! へぇ～、そうなんだべか。とりあえず、「でみひゅーまん」の元になったド偉い作品ってことでいいだか? 143ページからは、この『ホビットの冒険』やら『指輪物語』やらがどんな作品か教えてくれるらしいべ。おもしろいっちゅう話だで、楽しみだなや。

③ゲーム代表

少年が熱中! デミヒューマンの伝道師
『Dungeons & Dragons』

　『Dungeons & Dragons』は複数の人間が集まって、剣と魔法のファンタジー世界を冒険するゲームです。現代のネットワークRPGを、メンバーが1箇所に集まって直接会話しながら行うものだといえます。
　このゲームは『指輪物語』などのファンタジー作品の影響を強く受けており、100種類を越えるデミヒューマンが登場します。現在知られているデミヒューマンの特徴の多くは、このゲームから広まったものです。

ここに注目! このゲームは1975年に登場して以来、5回の大幅な内容更新を経験している。ゲーム内容が更新されると、デミヒューマンの特徴も変更されることがあるので、同じ種族がかなり違った姿で描かれていることもあると心に留めておき、混乱のないようにな。

この本の読み方

これからあわせて45組のデミヒューマン種族を視察に行くわけだが、予備知識なしで会いに行くのは時間がもったいない。レジスタンスの隊員としての適性を見るために、あらかじめ履歴書の読み方を確認しておこう。

データ欄の見かた

デミヒューマンの本来の姿を描いたイラスト

森のなかはエルフの楽園！

エルフ

欧文表記：Elf　別名：アールヴ　出典：北欧神話、ケルト神話

デミヒューマンの名前

デミヒューマンデータ
- **欧文表記**：デミヒューマンの名前を原語で書いたときの綴り
- **別名**：デミヒューマンの別の呼びかた
- **出典**：デミヒューマンをはじめて紹介した文献、伝承

45組ってずいぶん多いべな。
そんなにいっぱいいたら目が回っちまいそうだべ。
んで、どんな順番で会いにいけばええだか？

まずはデミヒューマン発祥の地、ヨーロッパから巡るとしよう。
次は東側からぐるりと回り込んで東洋へ。最後は『博物誌』に紹介されたデミヒューマンや、ファンタジー世界にしかいないデミヒューマンに会って終了だ。

はー、よそのファンタジー世界にまで行っちゃうですか、これは地球一周より長い旅になりそうなのです。
まあ構わないのですよ、こちらはまだ若いし、寿命も長いですしー。

16ページから、新隊員のスカウト旅行に出撃！

萌える！デミヒューマン事典　目次

デミヒューマン原産地MAP……2
案内役のご紹介……6
はじめに……9
デミヒューマンを知るための
2つの必須知識！……10
この本の読み方……13

西洋の亜人種……15
東洋、オリエントの亜人種……65
博物誌の亜人種……83
ファンタジーの亜人種……95

目指せ！　多種族混成部隊！
おハツさんのレジスタンス人事部……129
スカウトは慎重に！
ワケありデミヒューマン採用の手引き……130

ファンタジー好き必見！
魅惑のトールキンワールド……143

Column

ひとつ目巨人サイクロプス……55
まだまだいるぞ！　サカナ系亜人種……64
『博物誌』ってどんな本？……94
デミヒューマンの宝庫『旅行記』とは？……99
エルフ以外のハーフ種族……105
中国のデミヒューマンたち……109
人造生命ホムンクルス……128
エルフの亜種いろいろ……142

西洋の亜人種
Demihumans in Europe

　現在のファンタジー作品で活躍している、エルフ、ドワーフなどのデミヒューマン種族。彼らの大部分は、北欧神話やギリシャ神話など、ヨーロッパの神話や民間伝承で語り継がれていた不思議な存在を、歴史と文化を持つ異種族に作り替えたものだ。
　この章では、そのような成り立ちを持つ19組20体のデミヒューマンの特徴を、本来の神話伝承での姿と比較しながら紹介する。ファンタジー作品の人気者である彼らの多彩な姿を楽しんでいただきたい。

Illustrated by 皐月メイ

エルフ

森のなかはエルフの楽園！

エルフ

欧文表記：Elf　別名：アールヴ　出典：北欧神話、ケルト神話

デミヒューマンの代表格

　ファンタジー作品に登場するデミヒューマンといえば、真っ先にあがるのがエルフという種族だろう。彼らは人間によく似た姿だが美形ぞろいで、肌の色は白く、耳が尖っているという特徴がある。初期のエルフの耳は木の葉くらいの尖り方だったが、近年は笹の葉のように細長い耳で描かれることも多い。

　エルフたちはどの作品においても、人間よりも圧倒的に長い寿命を持っている。思慮深く落ち着いた性格で、争いを好まない傾向がある。あらゆる武器のなかでも特に弓矢の扱いに長けており、エルフと敵対する者が彼らの森のなかに踏み込めば、エルフの姿を見る前に無数の矢に貫かれて命を落とすことになるだろう。また、多くの作品において「魔法使いになる資質」を持つ種族として描写されているほか、優れた剣士であることもあり、文武両道のイメージがある。

　エルフが住むのはおおむね森の中である。彼らは森の中の開けた場所や、樹の上などに住居を作り、木の実などの森の恵みを糧として生活している。こうした生活ぶりからエルフは多くの作品で閉鎖的、排他的な種族として描かれることが多い。また、木材を燃料のために伐採する鍛冶の種族ドワーフ（→p22）とは特に仲が悪い。ドワーフとエルフの不仲は、20世紀イギリスの作家、J.R.R.トールキンの作品であり、現代ファンタジーの母体となった『ホビットの冒険』『指輪物語』のころから始まるファンタジー世界の伝統的な設定である。

トールキン世界におけるエルフ像

　エルフがデミヒューマンとして紹介されたのは、前述した『ホビットの冒険』（1937年）が初めてである。

　現代のファンタジー作品に登場するエルフの特徴はすべてトールキンのエルフの影響を受けているのだが、実際に見比べてみると、トールキンのエルフと現代ファンタジーのエルフのあいだには無視できない大きな違いがあることに気づく。

　もっとも大きな違いは、両者の身体能力である。現代のファンタジーにおいて、エルフは器用で俊敏、深い知恵を持つが、肉体的には華奢なイメージがある。だがトー

ルキン世界のエルフは、あらゆる面で優れた資質をもっており、それは筋力や生命力という"マッチョな"イメージがある部分についても同じだったのだ。そのためエルフの戦士は人間の戦士よりも強力な存在である。

また、トールキン世界のエルフたちは優れた鍛冶の技術を持っている。トールキン世界に登場する名剣の多くはエルフの作品であり、ドワーフたちは鍛冶よりもむしろ石細工の技術に優れた種族として描かれているのだ。近年のファンタジー作品のなかには、エルフは通常の鉄で作られた物品を嫌うとしているものもあり、これはトールキン世界のエルフとは正反対である。

これらの相違点は、アメリカで『指輪物語』の大ブームが起きたあと、エルフがファンタジー世界の定番種族として活躍するなかで創意工夫がなされ、徐々に差が生まれていったものである（詳細は132ページ参照）。

エルフの起源はヨーロッパの妖精

トールキンのエルフの原形となったのは、ヨーロッパ各地の伝承に登場する「エルフ」と呼ばれる妖精である。彼らは森や山、草地に築かれた古代の塚の周辺などで目撃されることが多い。一説によればエルフという名前は、古代ヨーロッパの共通言語だったラテン語で「白」を意味する「アルプス」が語形変化したものだと考えられている。ヨーロッパにアルプスという名前を持つ山脈があることは有名だが、これはアルプスの山が一年じゅう雪に覆われて白く見えることから「白い山」という意味でつけられたものだ。

山が雪で白いということは、雪解け水が川となって多くの水をもたらし、大地の植物を潤していることを意味する。実際にヨーロッパの伝承に語られるエルフたちは、森というよりは大地の精霊として描かれることが多い。エルフとは山に住み、大地に豊穣をもたらす自然の精霊に近い存在だったのだ。

（上）スウェーデンの画家ニルス・ブローメルが1850年に描いた、草原で踊るエルフたち。
（下）このように円形にキノコが生えたり、草が円形に枯れた場所は、「エルフの輪」または「フェアリーリング」といい、エルフが輪になって踊った場所だと信じられていた。

トールキンはイギリスなどの伝承に登場するエルフや、北欧神話に登場する「アールヴ」という精霊（これも「アルプス」の語形変化でありエルフの同類）からヒントを得て、高貴で偉大なエルフという種族をつくりあげたのである。

妖精だったころのエルフには「エルフの投げ矢」っていう必殺技があったのですよー。エルフが投げつけた矢が当たると、当たったとこが麻痺して、呪いを解くまで動かなくなっちゃうのです。くらえ！

斬ってもいいけど焼かないで！

トロール

欧文表記：Troll、Trolld　別名：トロル　出典：北欧の民間伝承

北欧神話出身の不死身の巨人

　トロールは、多くのファンタジー世界に登場する、人間をはるかに上回る巨体を持つデミヒューマンである。描かれ方は作品ごとに異なるが、傷を受けても再生する力を持つとする作品が多い。『Dungeons & Dragons』では、トロールは体を細切れにされても復活できるほどの生命力と再生能力を持っているが、炎と酸が弱点であり、これで体を焼かれると再生することができない。

　トロールの原形は北欧の伝承にある。古今東西の空想の怪物を紹介した《幻獣事典》（1967 年アルゼンチン　著：ホルヘ・ルイス・ボルヘス）によれば、トロールは北欧神話のなかで神々と戦った偉大な巨人たちが、その身をただの巨人に落としたものなのだという。トロールたちの特殊能力は変身能力であり、再生の力は古くからの民間伝承では語られない。またボルヘスによれば、リーダー格のトロールは頭が 1 個ではなく 2 ～ 3 個ほどついているそうだ。

　トロールは、民間伝承のなかで生まれた当初は、悪意に満ちた毛むくじゃらの巨人族として描かれていた。だが時代が進むにつれ、トロールは人間よりも小さな身長で描かれるようになり、恐ろしい怪物から滑稽なマスコットに変貌をとげた。有名なところでは、日本のアニメ作品『ムーミン』があげられる。この作品は 20 世紀フィンランドの童話作家トーベ・ヤンソンの作品のアニメ化だが、本作に登場する主人公たちの種族は、ムーミン・トロールというトロールの一種である。

　現代ファンタジーの育ての親であるトールキンは、『ホビットの冒険』に、北欧の伝承における本来の姿 "巨大なトロール" をアレンジして自分の作品に登場させた。トールキン世界の「トロル」は、樹人エント（➡ p112）を模倣して作られた悪の種族であり、通常の武器は通用せず、太陽光を浴びると石化する弱点を持つ。このトロル像を、『Dungeons & Dragons』など後発のファンタジー作品がアレンジした結果、現在の再生能力を持つトロール像に変化したのである。

トロールは多くの世界で「巨体で頑健だが愚鈍」だとされているが、例外もあるぞ。テーブルトーク RPG『Tunnnels & Trolls』や『ルーンクエスト』では、人間より知恵も力も上回る最強の種族なのだ。

カナヅチ握れば天下無双！

ドワーフ

欧文表記：Dwarf　別名：ドヴェルグ　出典：北欧神話、ケルト神話

樽のような体格の戦士かつ名職人

　ドワーフは、16ページで紹介されたエルフと並んで、ファンタジー世界のデミヒューマンとしてよく知られた種族だ。彼らは人間よりも身長が頭ひとつ以上低いが、その反面、横幅の広いがっしりとした体格と、たくましい筋肉を持っている。外見的な特徴は豊かなヒゲを生やしていることで、髭を生やしていないドワーフは一人前とみなされないほど大事なものだ。作品によっては氏族ごとにヒゲの編み込み方の作法が違うなど、ヒゲはドワーフたちの最大のオシャレなのである。

　ドワーフは戦士として優れた資質を持っている。斧やハンマーなどの振り回す武器を愛用し、敵の前に立ちはだかる姿は実に頼もしい。また、身長の低さは「大型の敵から攻撃を受けにくい」という長所にもつながっており、ドワーフのなかには、オーガ（→p58）のように人間よりひとまわり以上大きな敵の足下を動きまわって下から仕留める、巨人狩りの戦闘技術を身につけている者もいる。

　また、無骨な外見に見合わず器用な手先を持つドワーフは、優れた職人でもある。もっとも有名なのは採掘と鍛冶の技術だ。狭い鉱山のなかで鉱石を掘るのは、暗闇を見通す暗視能力を持ち、体格の小さいドワーフにとっては天職ともいえる。そして鍛冶師のドワーフは頑強な体で炉の熱に耐えながら、自慢の筋力でハンマーを振り下ろすのである。荒っぽい作業だけでなく細かい装飾もドワーフの特技であり、その出来映えは他種族の好事家をうならせるものだ。

　ドワーフはたいていの場合，気むずかしくて頑固な、職人気質の性格をしている。無類の酒好きであり、人間が飲めば倒れてしまうような強い酒を浴びるように飲んで楽しむ。反面、自然を愛でたり馬に乗るのは苦手で、自然を愛し穏やかな生活を好むエルフとは古くから"反りが合わない"ことで有名である。

北欧神話と民間伝承の「ドワーフ」

　ドワーフという種族の原形は、ヨーロッパの北半分に多く分布する民族「ゲルマン人」の神話伝承にある。ゲルマン人の一派が作った「北欧神話」の小人族ドヴェルグや、ゲルマン人の民間伝承に登場する妖精の小人ドワーフをもとに、作家 J.R.R.トー

ルキンが、現在われわれが知るようなドワーフを生み出したのだ。

　北欧神話の小人族ドヴェルグは、世界すべての材料となった原初の巨人ユミルの死体からわき出したウジ虫が、神々によって人のような姿と知性を与えられた存在である。光の差さない地下の洞窟に住み、ファンタジーのドワーフのような力強さはないが、魔法や呪い、そして鍛冶の技術に長けている。北欧神話に登場する神々の武器や宝物のほとんどは、彼らドヴェルグの作品なのである。

1919年、ドイツの子供向け童話に描かれた「白雪姫と七人の小人」の挿絵。民間伝承のドワーフは、このように人間よりかなり小柄な体格でイメージされていた。

　民間伝承のドワーフは、人間の半分くらいの身長で、男性は髭を生やしており、人間から見ると小柄な老人のように見える。有名なところでは、童話『白雪姫』には"7人の小人"が登場するが、この小人たちもドワーフの一種である。彼ら民間伝承のドワーフがみな老人のように見えるのは、彼らが生まれてから3年間で大人になり、7歳になるころにはヒゲが生えそろって老人のような外見になるからだという。

　偏屈で頑固者のイメージが強いファンタジーのドワーフと異なり、北欧のドヴェルグや民間伝承のドワーフは好奇心旺盛である。特に民間伝承のドワーフは、人間の子供を盗んでドワーフの子と取り替えたり、呪いをかけたりする。反面、仲のいい人間の結婚式や洗礼式に、式典の道具やみごとな食器を貸してくれるなど、友好的に接する場合もある。その行動はヨーロッパで広く語られる「いたずら妖精」そのものであり、「ドワーフならでは」の要素はあまり見られない。

激論！　ドワーフ女性にヒゲはあるのか!?

　ファンタジー作品に登場するドワーフたちの性別は、男性のほうが圧倒的に多い。そのため、女性のドワーフをどのような外見で描くのかという部分には、作品ごとに大きな違いがある。

　まずは、ドワーフを現在のような短身で屈強な戦士として描いた初めての作品、J.R.R.トールキンの『ホビットの冒険』と『指輪物語』では、女性のドワーフにもヒゲが生えていると明記されている。

　だが近年の若者向けのファンタジー作品では、女性キャラクターにはかわいらしさが求められる傾向がある。そのため日本のTRPG『ソード・ワールド2.0』では、ドワーフの女性にはヒゲがなく、体格も横幅が広くない、小柄な少女のような外見で描かれた。現代日本のファンタジー作品では、このような「ヒゲのない、少女のようなドワーフ女性」の人気が強く、多くの作品が同様の特徴を取り入れている。

北欧神話のドヴェルグさんが作った、一部の男性が垂涎の作品がこれ！　髪を切られた女神様の金髪をよみがえらせた魔法の"カツラ"だべ！　頭に植え込むと魔法の力で定着する性能は、ア○ランスもびっくりだべよ！

illustrated by 田阪新之助

わたしがわたしにコンニチワ！
ドッペルゲンガー

欧文表記：Doppelgänger　別名：シェイプシフター
出典：ドイツの民間伝承

西洋の亜人種

外見複製能力を持つデミヒューマン

　ドッペルゲンガーというデミヒューマンは、人型生物の外見を記憶し、それと完全に同じ姿に変身する能力を持っている。彼らはこの能力を生かして人間社会に入り込み、誰にも正体を気づかれることなく自然に暮らしているのだ。ただしドッペルゲンガーがコピーできるものは作品によってまちまちである。相手の人格や技術までコピーできる者もいるが、あくまで外見しかコピーできないものも多く、その場合は対象の人間に完全に化けるために、長期間にわたり対象を観察して、独特の仕草や人格などを研究する必要があるという。

　また、人間と敵対するドッペルゲンガーもおり、彼らは戦闘中に敵方の人間の仲間に変身し、不意打ちや裏切りなどで混乱に陥れることを得意としている。より狡猾な者は、戦闘ではなく日常生活に紛れ込み、仲間との不和を煽ったり、社会的信用を失わせる行動をとることもあるようだ。

　ドッペルゲンガーが本来どのようなデミヒューマンなのかを説明する作品は少ない。真の姿が判明している数少ない一例である『Dungeons & Dragons』のドッペルゲンガーは、節くれ立った細い手足と細い胴体を持つ無毛の人型生物だと設定されている。頭部から大きな目がカメレオンのように飛び出しており、縦型のスリットを持つ黄色い瞳がそのなかに収まっているという。

　ファンタジーのドッペルゲンガーの元になったのは、ドイツを発祥として世界中で語られる怪現象「ドッペルゲンガー現象」であり、そのような"生物"がいると語られていたわけではない。これは第三者がその場にいないはずの人物に出会ったり、自分と同じ姿の人間に会う現象で、日本の文豪芥川龍之介、奴隷解放で有名なアメリカ大統領エイブラハム・リンカーンなどが、自分のドッペルゲンガーに出会ったと告白している。自分のドッペルゲンガーを見た者はしばらく後に死ぬという俗説があり、現在でもオカルト好きのあいだでよく知られている現象だ。

ドッペルゲンガーを見た人は死ぬってよく言うですけど、これってもしかして、体が弱って死にかけてるから幻覚を見て、そのあとに衰弱して死んでるだけなんじゃあないですかね……ふぅ。

こじれた恋は悲劇への片道切符

ニンフ

欧文表記：Νύμφη、Nymph　別名：ニュンペー
出典：ギリシャ神話

自然と生きる悲劇のヒロイン

　ニンフは、ギリシャ神話にルーツを持つ自然の精霊で、ギリシャ語の名前「ニュンペ」を英語読みしたのがこのニンフという名前である。

　彼女たちは薄手の衣を身にまとった美しい女性として描かれる。その性質はファンタジー作品においてもギリシャ神話においてもおおむね似通っており、自然そのものを人格化したような存在である。ニンフたちは人間やデミヒューマンの男性にとって理想的な恋人となる一方で、無断で体に触れようとする者や、彼女たちが守護している自然を汚す者に対しては手ひどい罰を与える。ニンフの怒りは相手を永遠に盲目にしたり、場合によっては殺してしまうこともあるとされている。

　ファンタジーの世界では、自然の精霊という要素が強調されているニンフたちだが、その出典であるギリシャ神話においては、ニンフたちは物語のヒロインであったり、それ以上に悲劇の主人公となることが多い。

　例えばギリシャ神話の海の怪物スキュラは、女性の上半身に魚の下半身をもち、腹部から犬の前半身を6匹ぶん生やした異形の怪物だが……彼女はもともと島に住むニンフであり、恋敵の魔女によって醜い怪物に変えられてしまった存在だ。

　また、川のニンフであるダプネという美女は、太陽神アポロンに求愛されたものの、愛の神エロスに撃ち込まれた魔法の矢によって男性を愛する心を封じられていたため、アポロンのプロポーズを受け入れなかった。しつこく求愛してくるアポロンから逃げ切れなかったダプネは、その身を月桂樹という樹木に変えることで彼の求愛から逃れたといわれている。

　そのほかにも、とある男神がニンフに惚れたせいで、本人はなにも悪いことをしていないのに男神の妻によって雑草に変えられたり、毒蛇にかまれて命を落としたりと、不幸な最後を迎えるニンフの例にはこと欠かない。むしろファンタジー作品のニンフのほうが、美しい精霊として幸せな恋をしているといえるかもしれない。

ニュンペっちゅうのはギリシャ語で「花嫁」だとか「新婦」だとかっていう意味らしいべ……オラも本当なら、魔王さえいなけりゃ今頃は花嫁になれてたのかもしれねえのに……魔王め、ぜってえ許さねえだ！

illustrated by ひのほし☆

力も速さもウマナミです

ケンタウロス

欧文表記：Kentauros、Centaur　別名：セントール
出典：ギリシャ神話

西洋の亜人種

粗野で勇敢な狩猟種族

　ケンタウロスは、馬の首の部分から人間の胴体が生えている種族である。ケンタウロスとはギリシャ語読みで、英語では"セントール"と呼ばれる。

　ギリシャ神話発祥のデミヒューマンのなかでも特に有名な彼らは、非常に優秀な狩人であり、四本足の馬の体で野山を駆け回りながら、人間の腕が持った弓矢や槍などで的確な攻撃を繰り出す。むろん、彼らが優秀な戦士でもあることは言うまでもないだろう。さらに『Dungeons & Dragons』に登場するケンタウロスは暗視能力を持っており、暗い森のなかを自在に駆け抜けることもお手のものである。

　ケンタウロスの性格は、好色で短気な乱暴者である。そして無類の酒好きでもあるため、酔って狼藉を働き、問題を起こした例が無数に存在する。特に大きな事件となったのが、とある人間部族の結婚式に招かれたときの出来事だった。人間族の王は、自分の結婚式を盛大に盛り上げるためケンタウロスの一族を呼び、酒を振る舞ったのだが、これが大きな間違いだった。ケンタウロスは酔いが回って暴れ出し、人間族の女性たちを犯そうとした。しかも彼らは、結婚式の主役である王の花嫁を誘拐しようとさえしたのだ。怒った王による軍隊を動員したケンタウロス討伐の結果、ケンタウロスは生き残りが数名になるまで殺されてしまった。

　このようにケンタウロスが好色で短気なのは、馬という動物が発情期に凶暴になり、交配相手や人間を蹴り殺してしまうことから連想されたものらしい。

　前述のとおり野蛮な一面を持つのがケンタウロスの弱点だが、なかには深い知慮と幅広い知恵を持つ、賢者と呼ぶべきケンタウロスも存在する。それが「ケイロン」という名のケンタウロスだ。彼は神々から多くの知識を学び、医学、医術、芸術、狩猟、さらには武術にまで長けているという文武両道の賢者であった。ヘラクレスやアキレウスなどのギリシャ神話の英雄、そして死後に医療の神となった半神の名医アスクレピオスは、みなケイロンの弟子なのである。

ギリシャの十二星座のひとつ「射手座」は、上で紹介したケイロン殿をかたどったものだ。彼は人間の英雄と別のケンタウロスの争いに巻き込まれて毒を浴び、その苦しみから逃れるために死を選んで天に昇ったそうだ。

魅惑のボイスにクラクラきちゃう！
ハーピー＆セイレーン

欧文表記：Harpuia、Harpyia、Harpy/Sireen、Sirene、Syrene
別名：ハルピュイア／サイレン、ローレライ　出典：ギリシャ神話

鳥の姿を持つ魔性の女たち

　ハーピーとセイレーンは、どちらも女性と鳥を組みあわせた姿のデミヒューマンである。両者ともギリシャ神話に登場する同名の怪物が元になっているが、ハーピーという呼び名は英語読みであり、本来ギリシャではハルピュイアと呼ばれていた。彼女たちは、腕のかわりに生えている翼で空を飛び、ワシのような鋭い蹴爪を使って地上の敵に襲いかかる危険な存在だ。また作品によっては、歌によって人間を誘惑したり眠らせる能力も持っている。

　ファンタジーにおけるハーピーのイメージはおおむね上記のとおりだが、セイレーンは「鳥＋女性」ではなく、下半身が魚になった人魚（→p60）のような姿であることも多い。この姿で登場するセイレーンには、歌による誘惑という習性が強くあらわれ、歌声を聞いた者を意のままにあやつってしまうこともある。

　セイレーンの姿が2種類あるのは、彼女たちは伝承でも2種類の姿で描かれるからだ。ギリシャ神話のセイレーンは、鳥の足を持ち、腕のかわりに鳥の翼を生やした女性で、海岸の岩場で航行中の船を惑わす。だが14〜15世紀ごろから、セイレーンの近縁種とされるローレライは、上半身が人間、下半身が魚という姿で描かれるようになり、世界中の船乗りたちが「半人半魚」タイプのローレライの目撃を報告するようになった。これがこの亜人種の外見にも影響しているのである。

　ローレライが美と誘惑のイメージをもって語られるのに対して、ギリシャのハルピュイアはそれと正反対に、醜さと不潔さが強調される存在である。彼女たちは老婆の顔と、悪臭を放つ体を持ち、人間の食料を食い散らかして、食べ残しの上に汚物をまき散らして去っていくという非常に迷惑な存在である。

　なお、ハルピュイアが歌で人間を誘惑する記述はギリシャの神話伝承にはない。ファンタジーのハーピーがしばしば歌で人間を惑わすのは、かつて同じ姿で描かれていたセイレーンが同種の能力を持っていることと関係があると思われる。

セイレーンの誘惑に勝つには、こっちも歌い返して、相手よりきれいな歌を聴かせるといいらしいべ。よーし、カラオケ機械じゃ採点もできなかったオラの美声の出番だべな！　せーのっ、（ほげぇ〜〜）

ギリシャきっての遊び人♪

サテュロス

欧文表記：Satyros、Satyr　出典：ギリシャ神話

酒と色を好む酒神の眷属

　ギリシャ神話生まれのデミヒューマン、サテュロスの一般的なイメージは、ヤギと人間の特徴を組み合わせたものであろう。例えば『Dungeons & Dragons』のサテュロスは、下半身にはヤギの後ろ足のように蹄と毛の生えた逆関節の足があり、尻からは太い尻尾が生えている。額にはヤギに似た角が生え、耳は尖っている。それ以外の部分は毛深くて精力的な人間男性そのものである。サテュロスたちは非常に享楽的な性格で、「パンパイプ」という巨大なハーモニカのような木管楽器を演奏し、酒を飲みながら歌い騒ぐことを好む。彼らが奏でるパンパイプの音楽には魔法の力があり、音楽を聴いた者にさまざまな影響を及ぼすのだ。また非常に好色な性格で、目についた女性は口説かずにはいられず、なかには無理やり"ことに及ぼうと"する行儀の悪い者もいるとされる。

　これらの特徴は、サテュロスの奏でる楽器や、音楽に魔法の力があること以外は、おおむねサテュロスの伝承を生み出したギリシャ神話での描かれ方と同じものである。ギリシャ神話のサテュロスは、作物の豊かな実りや酒による酩酊をもたらす神「ディオニュソス」の眷属であり、酒に酔って暴れ、楽器を演奏して踊り狂うほか、ディオニュソスの女性信者である「マイナス」たちと交わったり、自然の精霊であるニンフ（➡p28）を襲って性的な快楽をむさぼるという。サテュロスが男性の性欲のシンボルであることは当時の絵画にも描かれており、馬のように巨大な男性器を勃起させたサテュロスの姿をあちこちで見ることができる。

　なおギリシャにおいて、額に角、下半身がヤギになったサテュロスの姿は、あくまで一例でしかない。特に彫刻にサテュロスが刻まれる場合、角や下半身のヤギの特徴が描かれず、完全に人間と同じ外見だったり、尻尾だけが生えていたり、ときには下半身が馬だったりすることもある。ヤギの下半身と角という表現が主流になったのは13世紀以降であり、現在のファンタジーでもこの姿をとっているのだ。

ヤギの頭をもつ「バフォメット」という悪魔を知っているか？　13世紀前後のキリスト教社会ではヤギを悪魔扱いするのが流行してな、そのせいでサテュロスの姿が、代表的な悪魔の姿として利用されたのだ。

女は戦士で男は奴隷！
アマゾン

欧文表記：Amazon、Amazones
別名：アマゾーン、アマゾネス　出典：ギリシャ神話

ギリシャに伝わる女人種族

　ギリシャ神話に登場する女しかいない部族「アマゾネス」は、人間とは異なる異種族、デミヒューマンのような扱いをされている。ちなみにアマゾネスというのはアマゾン族の集団をあらわす複数形であり、種族名単体は「amazon（発音はアマゾーン）」と呼ぶのが正しい呼び方である。

　アマゾンたちは、軍神アレスと精霊（ニンフ）（→p28）の娘として生まれた好戦的な種族で、気性は荒々しく、一族みなが武術や乗馬、特に弓を使った戦闘と狩猟の技術に優れていた。アマゾンたちの戦いに対する心構えはすさまじいもので、弓を引くときに弦とぶつかって邪魔になる右側の乳房を全員が切り落としていたという。そもそもamazonという種族名自体が、"a（否定の接頭語）"+"mazos（乳）"の合成語で、「胸を切り落とした人々」だというのだが、近年ではこの語源説は後世に作られたもので、全員が胸を切り落としたというのも俗説だと考えられている。

　ちなみにアマゾン族が「女性だけの部族」だというのは、実は正しくない。彼女たちは子供を産むために人間の男性と交わるのだが、生まれた子供が男子だった場合、その男子は父親の男性に託すか、そうでなければアマゾン族の国で家事を任せる奴隷とするのだ。ただし男子が子供のうちに、手か足を傷つけて動かないようにし、男が勝手に戦いや旅に出られないようにしていたという。

　もともとはギリシャ神話のなかだけに存在していたアマゾンたちだったが、ヨーロッパでは古い文化を見直す「ルネサンス」という運動がはじまり、ギリシャ神話のアマゾンたちが、未開文化のシンボルとして現実世界の旅行記で取り上げられるようになった。フランスの地理学者アンドレ・テヴェが1557年に記した冒険記『南極フランス異聞』では、世界の4箇所に実在する（とテヴェが主張する）アマゾン族が紹介された。この4つのうち、南アメリカ大陸の密林地帯にアマゾン族がいたという報告から、ブラジルにある大河に「アマゾン川」の名前がついたという。

アマゾンは、東欧に住んでいた、母方の血筋を重視する部族を脚色したもののようだ。それはそうだな、人間は男のほうが筋力が高くて戦士に適しているのだから、戦士が女だけなど非効率きわまりないぞ。

おいでませ！ 牛さんの迷宮へ
ミノタウロス

欧文表記：Μινώταυρος、Minotaur
別名：ミーノータウロス、アステリオス　出典：ギリシャ神話

地下迷宮に潜む牛頭の戦士

　筋骨隆々のたくましい胴体に、角のある雄牛の頭がついたデミヒューマン。ミノタウロスはその外見のとおり、雄牛のように力強い戦士である。もっぱら両刃の斧を武器とし、地下迷宮の中などで侵入者を待ちかまえている。そしてひとたび戦いとなれば、すさまじい腕力で斧を振るい、逃げ場のない迷宮で侵入者を追いつめる恐るべき障害となるだろう。また、ミノタウロスは迷宮での暮らしに適応するため、光がない場所でも周囲の様子を知る「暗視能力」を持っていたり、不思議な第六感により、いかなる迷宮でも迷わず目的地にたどり着くことができると設定している作品も多い。彼らは地上においても勇敢な戦士だが、この特殊能力から、地下迷宮のなかでこそ真価を発揮するデミヒューマンなのである。

　ミノタウロスはギリシャ神話由来のデミヒューマンで、その名前にはギリシャ語で「ミノス王の牛(タウロス)」という意味がある。実は彼は、ギリシャの南に浮かぶ細長い島「クレタ島」の王だったミノス王の妻が、神々の呪いによって心をあやつられ、雄牛と交わって生まれた異形の子供である。つまりギリシャ神話本来のミノタウロスは、あくまで単体の怪物であって「種族」ではないのだ。

　ギリシャ神話によれば、ミノス王は妻の不義の子であるミノタウロスを嫌い、彼をミノス島に新造した迷宮「ラビュリントス」のなかに閉じ込めた。そして王は9年に一度だけ、若い男女を迷宮に送り込んでミノタウロスの食料としたのである。この怪物は、迷宮に乗り込んだテセウスという英雄に退治される。そしてテセウスは、ミノス王の娘アリアドネからもらった糸玉をたどって、脱出不可能といわれたラビュリントスから無事に脱出したのである。

　ファンタジー作品のミノタウロスがしばしば迷宮に関する能力を持っているのは、ミノタウロスがもともと迷宮のなかに住む怪物として生み出されたという事実を、独自に解釈して与えたものだと思われる。

オラたちミノタウロスが両刃斧を使うのはなんでだかな？　はっきりしたことはわかんねけども、元祖ラビュリントスがあったミノス島で「ラブリュス」ってえ両刃斧が儀式に使われたことと関係があるらしいだ。

illustrated by オノメシン

魔性の瞳にストンと陥落

ゴルゴン

欧文表記：Γοργών、Gorgon
別名：ゴルゴーン、ゴゴン、メドゥーサ　出典：ギリシャ神話

西洋の亜人種

見た者を石に変える鬼女

　ゴルゴンはギリシャ神話由来の、危険なデミヒューマンである。彼女たちはステンノ、エウリュアレ、メドゥーサの三姉妹で、基本的には人間女性と同じような外見なのだが、毒のある牙を持ち、髪の毛のかわりに生きている蛇が生えている。目は宝石のように輝き、これを見た者の体を石に変えてしまう。

　ただしゴルゴンは「イノシシの歯、青銅の手、黄金の翼を持っている」とする資料や、「腰に蛇を巻いている」姿や、「イノシシと馬があわさった下半身」で描かれたものもある。ゴルゴンの特技である石化能力も、古い伝承では、彼女の姿を見た者を恐怖で（石のように）硬直させる、という記述があるだけである。実際に石化してしまうという能力は、これをおおげさに表現したものかもしれない。

　ゴルゴン三姉妹のうちもっとも有名なのは末の妹メドゥーサだ。女神アテナは、アテナに無礼を働いたメドゥーサを怪物の姿に変えたうえで、英雄ペルセウスに命じてメドゥーサを退治させた。ペルセウスは石化の魔力を逃れるため、メドゥーサの目を直接見ずに、鏡のように磨き上げた盾に彼女の姿を写し、後ろ向きで戦ってメドゥーサの首を取ったといわれている。

　ゴルゴンは後世のファンタジー作品にもよく登場するが、ゴルゴン三姉妹のうちペルセウスに倒されたメドゥーサの名前が有名なので、本来は個人名であるにもかかわらず「メドゥーサ」という種族のデミヒューマン、あるいはモンスターとして登場することが多い。伝承のメドゥーサと同様に石化の視線を持ち、髪のかわりに生えている蛇でかみつき攻撃を行ってくることもある。

　『Dungeons & Dragons』ではメドゥーサとは別のモンスターとして「ゴーゴン」が登場する。このゴーゴンは人型生物ではなく、金属の鱗を持つ雄牛のような外見の魔獣となっている。ギリシャ神話のゴルゴンとの唯一にして最大の類似点は、『D&D』のゴーゴンは口から「相手を石化させる吐息」を吐くことである。

ギリシャ神話に登場する最強防具は、女神アテナの「アイギス」だ。この盾にはのちに、石化の魔力をもつメドゥーサの首を貼り付けてさらに強化されたのだ。守っては鉄壁、見れば石化と手のつけようがないな。

吠えて変身、オオカミ人間！

ワーウルフ

欧文表記：Werewolf　別名：狼男、人狼、ライカンスロープ
出典：ヨーロッパの伝承

狼に変身するデミヒューマン

　ワーウルフは、普段は人間の姿をしているが、オオカミそのもの、あるいは人間とオオカミの中間のような姿に変身するデミヒューマンである。この種族はヨーロッパの民間伝承から生まれたものだが、現在広く知られているワーウルフの姿や能力は、1941年のアメリカ映画『狼男の殺人』で設定されたものを参考にしている。まずは『狼男の殺人』に登場するワーウルフの特徴を紹介していこう。

　ワーウルフの変身は、狼の呪い、狼の憑依などによって引き起こされる奇妙な現象である。この犠牲者は普段は人間として生活しているが、満月の夜になると肉体が変貌し、全身から体毛が生え、顔の形が狼っぽく変化したうえ、性格が凶暴化して「ワーウルフ」と呼ばれる怪物に変わってしまうのだ。ワーウルフはパワー、スピードともに人間とは比較にならない能力を持ち、その毛皮は刃物も銃も受け付けない。唯一、銀でできた武器だけがワーウルフの体に傷をつけることができる。

　狼に取り憑かれてワーウルフになった者は、その意思に反して殺人を犯すようになってしまう。また、ワーウルフにかみつかれて生き延びた者には「狼憑きの呪い」が伝染し、その者もワーウルフになってしまうのだ。

　『狼男の殺人』を参考に、ワーウルフを登場させたファンタジー作品では、ワーウルフを「邪悪な呪いの産物」ではなく、その世界に根ざした種族とするために、いくつかの改変が行われている。例えば人間から狼への変身は、満月の日でなくてもワーウルフが「変身したい」と思ったときに変身できること。そして変身後に凶暴性が増す場合はあるが、あくまで自分の意志で活動できることなどだ。

中世ヨーロッパのワーウルフ伝承

　映画やファンタジーの題材になった人狼伝説は、もともとヨーロッパで古くから語られているものだった。

　ヨーロッパの民間で恐れられていたワーウルフは、普段は人間として生きているが、特別な日（満月の日であることもあれば、特定の聖人の祝日であることもある）になると、オオカミ人間、またはオオカミそのものに変身する。また、特別な狼の皮を身

につけることで変身するタイプのワーウルフや、外見は変化せず、人間の姿のまま四つん這いになってオオカミそのものの行動をとる者もいた。

ワーウルフのほとんどはもともと人間であり、狼に変身する能力は後天的に身についたものだ。その理由はさまざまで、呪いをかけられた、満月の日に受胎した、などの望まない形のほか、魔女の集会「サバト」に出席し、望んでワーウルフになる者も多くいたのだという。魔女の集会でワーウルフになろうとする者は、悪魔や魔女からまじない薬や魔法の帯などの、変身能力を獲得できる特別な道具を授かって、ワーウルフ化の能力を手に入れると信じられていた。

狼の姿に変化したワーウルフは、理性をなくした、凶暴で貪欲な食欲の塊になる。家畜の群れや人間を探し出し、それを殺して肉を貪り食らう。さらにやっかいなことに、狼の姿に変身している人狼はどのような攻撃を受けても死なない不死身の怪物となるのだ。変身した彼らに対抗する手段は一切なく、人間の姿をしているうちに対策を取るしかないのである。

このように危険なワーウルフの話は、14世紀から17世紀にかけて、ヨーロッパに「魔女狩り」の嵐が吹き荒れた時期に多く残されている。キリスト教はワーウルフを悪魔の所業と考えており、それを信じた民衆は、ワーウルフと魔女を悪の存在と見なして、ワーウルフと疑われた人間を激しく弾圧したのだ。

例えば16世紀終盤には、ペーター・シュトゥッペという人物が、自分はワーウルフであると自白し、処刑される事件が起きている。もちろん、過酷な拷問を受けたすえの自白なので鵜呑みにすることはできないが、そのような事件が起きるほどワーウルフ退治は一般的なできごとだったのである。

人狼伝説の生まれた理由

人間が狼に化ける怪物が生まれた理由は何なのか？ 多くの学者が研究のテーマにした題材だが、まだ「これが原因だ」という結論は出ていない。

有力な説のひとつは、狼に対する恐怖から生まれたという説だ。かつてヨーロッパは森に覆われた地であり、人里のすぐ近くに狼が住んでいた。狼に対する恐怖が"魔女"と結びつき、ワーウルフに発展したというわけだ。

このほかにも、殺した獣の毛皮を身にまとってトランス状態になる北欧の戦士「ウールヴヘジン」が起源だという説、犬科の獣から伝染し精神錯乱を引き起こす「狂犬病」の患者がワーウルフと勘違いされた説などがあげられている。

人間体のまま狼じみた行動をとる、ワーウルフらしき人間。16世紀ドイツの画家ルーカス・クラナッハ画。ドイツ、ゴータ公国博物館蔵の木版画より。

ワーウルフは狼形態だと不死身だから、人間の姿のうちに殺すしかないそうなのです……って、無実だったらどうする気ですか！ 人ひとり死刑にするなら、じっくりと証拠を固めるべきなのです。100年くらい。

ヒト咬みすれば誰でも仲間♪
ヴァンパイア

欧文表記：Vampire　出典：東欧の民間伝承

ファンタジー界の夜の貴族

　『ドラキュラ』のドラキュラ伯爵をはじめ、さまざまなメディアで定番の怪物となっているヴァンパイアは、ファンタジー世界にもほぼそのままの形で登場する。

　現実世界の伝承におけるヴァンパイアと同じように、ファンタジーのヴァンパイアもおおまかに2種類に分かれる。

　ひとつは、「ドラキュラ伯爵」でおなじみの、夜の貴族然としたヴァンパイアである。一般的なイメージは、男性なら燕尾服などの夜会服、女性ならば豪奢なドレスを身につけ、肌の色が青白く犬歯が鋭いことと、しばしば赤い瞳で描かれることがある以外の要素は、人間の貴族と変わらない容姿である。

　もうひとつは、東欧の民間伝承での姿に近い。瞳や表情から知性のひらめきが感じられない、まるで動く死体のような怪物であり、生前に身につけていた服を経年劣化させたまま身にまとっている。ヴァンパイアに噛まれたことで下級のヴァンパイアに変質した人間は、このような醜い姿で描かれることが多い。

　どちらのヴァンパイアもファンタジー作品のなかでは、固定された種族というよりは、人型種族が変質して魔法的な不死の力を手に入れた存在として描かれることが多い。これはどういうことかというと、人間だけでなくデミヒューマンが「ヴァンパイア化」することがあるのだ。例えばエルフのヴァンパイア、ドワーフのヴァンパイアも、ファンタジー世界ではめずらしい存在ではないのである。

　ファンタジーのヴァンパイアは、鋭い牙で犠牲者にかみつき、かまれた相手を自分より下位のヴァンパイアに変えてしまう。また、視線で相手の体を麻痺させたり、霧やコウモリに変身するという、『ドラキュラ』さながらの能力を持っていることもある。映画などでおなじみの「日光を浴びると滅ぶ」「故郷の土の上で眠る必要がある」「流れる水を渡れない」などの弱点は、そのまま採用されていることもあれば、効果が弱くなっていたり、完全に無視されている場合もある。

ちなみにトールキンの中つ国世界には、人型のヴァンパイアはいないようだ。この世界でヴァンパイアというと、巨大なコウモリの姿をした、知能の高い怪物「スリングウェシル」のことだな。

東欧出身！脅威のドラゴン人間
ズメウ

欧文表記:Zmeu,Zmey　別名:ズメイ　出典:スラヴ民族の民話

真っ向勝負を決める悪役

　東ヨーロッパの国ルーマニアには、ズメウという独特のドラゴンの伝説が残されている。彼らは人間とよく似た二足歩行の骨格である一方、全身がドラゴンの鱗に覆われ、ドラゴンと同じような頭部を持っている。また、言語を理解し高い知性を持つほか、社会性も高く、巨大な地下王国を作っている者もいる。つまりズメウはドラゴンに似たデミヒューマンなのだ。

　ズメウの長所はすぐれた身体能力である。ズメウの男は総じて力自慢であり、特に相手と組みあっての格闘戦を得意としている。性格はさっぱりとした武人気質の者が多く、無礼を働いたり大事な宝物を盗んだ相手に対しても、一度は許してみせるという寛大さが美徳とされている。一方で女性のズメウは魔法の達人が多く、幻などで人間をだまして餌食にすることがある。

　現代のファンタジー作品の多くは西欧や北欧の神話、民話をもとに発展したものであり、東欧生まれのズメウがそのままの名前でファンタジー世界の住人として登場することはほどんどない。ファンタジー世界に登場するドラゴン型の人型種族といえば、1984年のファンタジー小説『ドラゴンランス』に登場するドラコニアンという種族があげられる。ドラコニアンは善良なドラゴンの卵に魔法的な処理を施すことで生まれる人工的な悪の種族である。彼らはドラゴン譲りの強靭な肉体を武器に、暗黒の女王タキシスに従う生粋の戦士だ。種族全員がオスであり、友情や愛情といった感情を理解していないふしが見受けられる。彼らにとってほかの人類、例えば人間やエルフなどは、ただの食料にすぎないのだ。

　『ドラゴンランス』世界には、金竜、銀竜、青銅竜、銅竜、黄銅竜の5種類の善のドラゴンが棲息しており、元となった卵によってドラコニアンの種族が変化する。もっとも優秀なのは、金竜の卵から生まれるオーラム種と銀竜の卵から生まれるシヴァク種だが、優秀なドラゴンほど卵の確保が難しく、数は少ないようだ。

『ドラゴンランス』のドラコニアンたちは、邪教の坊主が親のドラゴンさんから卵さ盗んで、魔法で改造して作るらしいべ。貴重なタマゴさ盗むなんて、わっるいやつらもいたもんだべなぁ！

魔力怪力、デンジャラスばーさん

ハッグ

欧文表記：Hag　別名：ブラック・アニス　出典：西洋の民間伝承

西洋の亜人種

老婆の姿の危険な亜人種

　ハッグとは、童話に登場するような老婆の魔女の呼び名である。ファンタジー作品におけるハッグは人間とは違う種族として描かれることが多く、これは一種のデミヒューマンであるといえるだろう。

　ファンタジー作品におけるハッグは、たくさんの亜種を持つデミヒューマンで、髪の色や肌の色はさまざまである。ただひとつ共通しているのは、どの種のハッグも腰の曲がった老婆の姿をしていることだ。その外見からは肉体的に優れているようにはとても思えないのだが、実際には人間の戦士を軽く上回る腕力と、木々の枝から枝へ飛び移れるほどの異常な敏捷性をあわせ持っている。さらに、魔女を源泉に持つデミヒューマンだけあって魔術の扱いにも長けており、破壊をもたらす魔法、人間の精神を攻撃する魔法などをあやつることができる。

　また、先述のとおりハッグには多くの亜種がおり、背が高くて顔が青白く、鉄の髪を持つという「ブラック・アニス」のほか、肌が黒くて夜行性のナイト・ハッグ、そして海中に住むシー・ハッグなどの多数の亜種が確認できる。なかでもシー・ハッグは118ページで紹介する「サハギン」の元になったという説がある。

　ファンタジー作品に取り入れられる前のハッグたちは、最初に説明したとおり魔女だと解釈されていたり、季節の変化をもたらす妖精の一種だとする場合もある。後者について、例えばイギリス北部のスコットランドに伝わるブラックアニスは現地の言葉で「ケラッハ・ヴェール」（冬の老婆）と呼ばれている。彼女はその名のとおり「冬の妖精」とでも呼ぶべき存在で、日差しの時間を短くして世界に冬を呼び込み、草木を枯らし、大雪を積もらせるのである。

　「ケラッハ・ヴェール」の例から見てもわかるとおり、ハッグたちは古くから、人間にとって危険な存在だとみなされて語り継がれてきた。ファンタジー作品のハッグは、この方向性をさらに推し進めたものだと考えられる。

ハッグが出たからってえ、うかつに倒そうとしたら危ねえかもしんねえだよ。アイルランドじゃ、バズゥっていう死を呼ぶ神様が、ハッグの姿でうろついてることがあるべ、死の神様に手ぇ出したら殺されちまうだ。

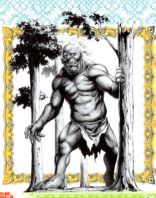

でっかい体はみなナカマ！
ジャイアント

欧文表記：Giant、Gigant　別名：ギガント、他多数
出典：世界各地の神話

西洋の亜種

多種多様な巨人たち

　ファンタジーや神話には、人間よりもはるかに大きな身体を持つデミヒューマンが登場する。彼らを指す「ジャイアント」という言葉の意味は背景世界ごとにまちまちで、「ジャイアント」という名前の巨人種族がいる世界もあれば、ジャイアントは巨体の種族全般を指す言葉で、「オーガ」（→p58）、「トロール」（→p20）のように種族ごとに独自の名前がつけられている場合もある。このページではおもに後者、巨体の種族の総称としての「ジャイアント」について紹介していこう。

　前述のようにジャイアントと呼ばれる種族には多くの種類があり、巨体であることをのぞいて共通点らしきものは存在しない。知能の程度もさまざまで、日常会話すら怪しいほど知能の低いジャイアントがいたと思えば、人間どころか、神に匹敵するほど深い知恵を持つ者もいる。体もただ大きいだけではなく、角があったり、4本以上の腕があるような巨人族も数多く存在し、なかには頭が2個あり、それぞれが別の人格を持っているエティンという巨人族すら知られている。

　『Dungeons & Dragons』のジャイアントは、生息地別に種族が分かれ、環境にふさわしい特殊能力を身につけている。例えば火山などに住む「ファイアジャイアント」は、高熱を浴びてもほとんどダメージを受けない。同様に、寒冷地の「フロストジャイアント」は冷気の攻撃を無効化し、洞窟に住む「ストーン・ジャイアント」は完全な暗闇でも周囲の状況を見通す暗視能力を備えているのだ。

「ジャイアント」の由来

　ジャイアントとは巨人をあらわす英語だが、その語源は今から約3000年前、古代ギリシャ神話にまでさかのぼる。

　ギリシャには、父の世代を追放して最高神の座についたゼウスを懲らしめるため、ゼウスの祖母である大地母神ガイアが、神々との戦いに特化した巨人族を生み出すという神話がある。この巨人族の名前を「ギガース」という。ギリシャ語のギガースがローマ帝国のラテン語、英語と翻訳されるあいだに語形変化し「ジャイアント」となったのである。

世界各地のジャイアント神話

ジャイアントの語源になったのはギリシャ神話のギガースだったが、ギリシャ神話にはギガースのほかにも有名な巨人族が登場している。「キュクロプス」は目が顔の真ん中にひとつしかない巨人族で、英語ではサイクロプスと呼ばれる。「ヘカトンケイル」は百本の腕を持つという巨人である。また、最高神ゼウスの父の世代である「ティタン神族」はみな巨人だったと伝えられ、ティタンの英語訳「タイタン」も巨人をあらわす言葉としてよく利用される。ティタンのひとりであるアトラスという男性は、世界の西の果てで「天空を背負う」という重労働をさせら

巨人兵士ゴリアテと対峙するダビデ。1888年、ドイツ人画家オスマール・シンドラー画。

れていることで知られ、ヨーロッパの西の大海「大西洋（アトランティック・オーシャン）」の語源となった巨人である。

北欧神話では、世界のあらゆる生物が「ユミル」という原初の巨人の遺体から生まれたと考えている。その後の神話世界には「ヨトゥン（霜の巨人）」と「ムスッペル（炎の巨人）」という巨人族がおり、神々のライバルとして活躍する。

ユダヤ教とキリスト教の聖典である『旧約聖書』には、のちにユダヤ人の王となる青年ダビデが、身長約3ｍの巨人兵士ゴリアテ（英語読みではゴライアス）と戦って勝利し、ユダヤ人の勝利のきっかけを作ったという記述が残されている。

このようにヨーロッパ、中東の神話には、多くの巨人と種族名、個人名が登場している。これらの名前のなかには、ファンタジー作品のなかで巨人の名前に使われているものや、SF作品などで巨大ロボットの名前に使われているものも多く、皆さんにとってなじみ深い名前も多いことだろう。

巨人伝説の生まれた理由

人類が巨人という存在を生み出した理由は、大きく分けて2つあると思われる。ひとつは「自然現象の理由付け」である。不自然な重なり方をしている大岩、湖のなかにぽつんと存在する山などを見た人間は、そのような地形が存在する理由を求めた。そして、「巨人が作った地形だ」と考えることで納得したのである。

もうひとつは政治的な理由で、「偉人の権威付け」である。神々や英雄などの「政治的理由から偉大でなければならない」人物の強さを示すためには、強い者、すなわち"巨大な者"を倒すのがもっともわかりやすい。そのため巨人は各地の神話、伝説で、神や英雄に敗れる"やられ役"となっているのだ。

18世紀のドイツにはプロイセンっていう国があって、「巨人連隊」っていう軍隊があったらしいです。入隊条件は……身長188cm以上!?　188cm……（上の方を見上げて沈黙）

ひとつ目巨人サイクロプス

ギリシャ神話に出るっていう「サイクロプス」はおかしな種族だべな。ただでっかいだけでも変なのに、そのうえ目がひとつなんて、なんでこんな種族がいるんだべか？

54ページでも紹介したとおり、ギリシャ神話には目が顔の真ん中にひとつしかない「キュプロクス」というジャイアントの一族がいる。キュクロプスとは「丸い目」という意味のギリシャ語で、そのひとつしかない眼球からついた名前だ。あまりなじみのない名前だが、ファンタジー好きならキュクロプスの英語読みである「サイクロプス」という名前なら目にしたことがあるはずだ。

ギリシャ最古の物語のひとつ『オデュッセイア』に登場するキュクロプスは、非常に荒々しい性格で、人間を捕まえて食べる怪物として描かれている。一方でギリシャの雑多な神話をひとつの流れにまとめた『神統記(しんとうき)』のキュクロプスは、多くの神の武器を作った優れた鍛冶師である。彼らは当時の最高神の子として生まれた三兄弟で、異形を嫌った父によって死者の国へ幽閉されていたが、のちに最高神となるゼウスに開放されてその部下となった。

「ひとつ目の巨人」の伝説が生まれた理由はいくつも挙げられているが、なかでも印象的なものに「象の頭蓋骨」が由来なのではないか、という仮説がある。

右の写真のとおり、象の頭蓋骨の正面には、大きく長い鼻の名残りである大きな鼻腔(びくう)(鼻の奥の空洞)が、ぽっかりと開いている。象の目は頭蓋骨の側面についており、さらに鼻腔と比べればとても小さい。象の頭蓋骨を見たことがない古代ギリシャ人たちがこれを見たら、この穴は何だと思うだろうか？ そう、彼らは大きな鼻腔を「眼窩(がんか)(眼球の収まる部分)」と勘違いし、「ひとつ目の恐ろしい巨人の姿」を想起したのではないか、という推論である。

象の頭蓋骨化石標本。鼻の位置に大きな空洞が空いている。撮影：MaxL

キュクロプスは鍛冶師だが、世界的に見て鍛冶が得意な種族は片目で描かれる事が多い。おそらく、炉の中の炎を見すぎたせいで目が悪くなり、片目が見えなくなった鍛冶職人から連想した姿なのだろう。

そういえば東洋の島国でも、鍛冶の神様が片目だって聞いたことがあるのです。でも、ドワーフ職人はいっぱい炉の中を見てるのに、みんなお目々パッチリ……頑丈すぎなのですよドワーフ。

ケルト生まれのイギリス育ち♪

フェアリー

欧文表記：Fairy、Faery　別名：フェイ、ピクシー
出典：ケルトの民話

西洋の亜人種

手のひらサイズのデミヒューマン

　フェアリーとは、英語で「妖精」全体をあらわす呼び名のひとつだが、ファンタジー作品では人間よりもかなり小柄で、昆虫のような羽根を持つデミヒューマンであることが多い。性格は陽気でいたずら好きであり、ディズニー映画でおなじみの『ピーター・パン』の妖精ティンカー・ベルのように、英雄のお供として重要な活躍をすることもある。1975年に『Dungeons & Dragons』の対抗馬として生まれたアメリカのRPG『Tunnels & Trolls』では、プレイヤーが選択可能なデミヒューマンとしてフェアリーが登場。筋力と耐久力が人間の半分未満しかないかわりに、羽根で飛行可能であり、魅力と器用さ、運の良さに優れた種族として設定された。

　前述したとおりフェアリーは、日本語では「妖精」と訳される。もともとフェアリーは超自然的な知的存在すべてを指す言葉だった。小さな靴職人レプラコーン、民家に住み着いてその一族を栄えさせるお手伝い妖精ブラウニーなどが有名だが、本来の「フェアリー」の意味からすると、日本の妖怪から中国の龍、北欧の巨人など、おおよそ「妖精」らしくない存在もフェアリーの一種となるのである。

　もっとも現代においては、イギリス人も「フェアリー」と聞けば「小さな人間の女性の背中に、透明な羽が生えた存在」のことをイメージするようになっている。このイメージはヨーロッパにおいて19世紀にはすでに存在していたが、これを世界的なスタンダードに押し上げたのは、悪戯好きな少女たちが世間を騒がせた大事件『コティングリー妖精事件』だった。少女たちは合成写真の技術を使って、翼のある小さな女性型のフェアリーが自分たちと一緒に遊ぶ様子を撮影。これを少女たちの父親が、娘たちに無断で、『シャーロック・ホームズ』シリーズで知られる作家コナン・ドイルに見せたのだ。ドイルはこれを「本物の妖精である」と断定し世界に公開した。この写真はフェアリーの存在を衝撃とともに知らしめ、議論を巻き起こし、現在のフェアリーのイメージを確立させるきっかけになったのである。

イギリスの劇作家シェイクスピアの『真夏の夜の夢』では、オベロンとティターニアというフェアリーが、王と王妃をつとめているそうだ。ふん、妖精の王国か、いずれ支配下に置きたいところだな。

illustrated by 山鳥おふう

デカくて凶暴！ な怪物人種

オーガ

欧文表記：Ogre　別名：オグル　出典：ヨーロッパの民話

醜く巨大な普遍的存在

　ファンタジー世界を題材としたゲームには、人間よりもひとまわり以上大きな人型種族が敵としてあらわれ、印象深い強敵となることが多い。数多く存在する巨体の種族のなかで、成長する主人公たちの「手ごろな障害」として登場することが多いのが、この「オーガ」というデミヒューマンである。

　オーガはおおむね身長2～4m程度の巨体に、きわめて醜い顔、ふくらんだ腹、長くて太い腕と体格に見合った筋力を持ち、棍棒などの粗雑な武器を振り回して戦う人食いの怪物である。洞窟の中などに住み着いていることもあるからか、『Dungeons & Dragons』では暗闇を見通す暗視能力も備えている。ただし知能はかろうじて言葉を話せる程度であり、性格は怠惰で注意力散漫。体格で劣る人間の戦士にとっては、この知恵の弱さがつけいる隙となる。

　このようにオーガの弱点は知能の低さなのだが、まれにオーガのなかから優れた知性を持ち、オーガの一族を指揮したり、魔法をあやつる者が生まれることがある。これらのオーガは「オーガ・ロード」「オーガ・メイジ」「オーガ・シャーマン」などと呼ばれ、通常のオーガとは比較にならない脅威である。

　オーガの原形は、世界中に存在する人食いの巨人である。彼らは人間のなかでも特に小さな子供を生きたまま丸呑みにするのが好きで、童話などを聞く子供たちを恐れさせてきた。また、物語によっては「見た目を変える」「姿を消す」などの特殊能力を持っていることがあり、これは北欧の国ノルウェーの「トロール（→p20）」にもしばしば見られる特徴である。

　彼らは今から約400年前の17世紀ごろまで、種族名を持たない単なる「人食いの怪物」だったが、フランスの童話作家シャルル・ペローは、代表作『長靴をはいた猫』において、やられ役の人食い怪物に「オーガ」という名をつけた。この名前が童話とともに世界中に広まり、ファンタジーの定番種族となっている。

ほかの"オーガの名付け親とされる作品"は、フランスの物語『オレンジの木と蜂』や、イタリアの著作家の作品などがある。困ったことに、どれが本当に最初だったのかがよくわからんのだ。

illustrated by こちも

魅惑のボイスでヒロイン一直線！

マーメイド

欧文表記：Mermaid、Merman　別名：マーマン、マーフォーク
出身：ギリシャ神話など

魚の下半身を持つ女性

　マーメイドとは、人間女性の上半身から魚の下半身が生えた姿のデミヒューマンである。日本では「人魚」とも呼ばれており、ディズニー映画『人魚姫』の主人公として有名な種族だ。マーメイドという表現は女性形で、人間部分が女性である者だけに使われる表現である。男性の上半身を持つ人魚は「マーマン」と呼ばれる。また、性別にかかわらず使える呼び名として、「マーフォーク」という言葉もある。ともあれ本ページでは、人間女性の上半身と、魚の下半身を持つ「マーメイド」を中心に紹介していく。

　ファンタジー作品に登場するマーメイドは、魔法的な力を持つ「歌」を歌うことが多い。この歌には、聞いた者を魅了して言うことを聞かせたり、聞いた者を眠らせてしまう効果がある。マーメイドはこの能力を生かして、人間の敵として海上に出現したり、逆に海のなかで起きている問題を解決するために、人間の力を借りることもあるという。マーメイドと良好な関係を築けるかどうかは、マーメイドと交渉する者たちの話術にかかっている面が大きいのだ。

現実世界におけるマーメイド

　ファンタジー作品のマーメイドは、現実世界の民間伝承に登場する「奇妙な生き物」が、創作の世界に持ち込まれて生まれたものである。なお、現代ではマーメイドの尾は１本であることが多いが、今から数百年前のヨーロッパでは、マーメイドの尾は二股に分かれているものも少なくなかった。

　マーメイドのような人魚の伝承は世界各地に残っているが、なかでもイギリスが属する島々「ブリテン諸島」には、この種の存在を目撃したという例が多い。外見はおおむね、亜麻色（黄色がかった薄茶色）の髪を持つ、美少女の上半身を持つ人魚だとされる。伝承におけるマーメイドは「悪役」であり、船乗りたちが人魚に出会うと嵐が起きる前触れだとされた。また、美しい歌で船乗りたちをおびき寄せ、船を沈没させてしまうマーメイドもいる。だが彼女たちの存在が人間にとって得となることもある。北欧のマーメイドには予知能力があり、マーメイドの子供をつかまえた漁師は予

言を聞くことができた。また、イギリスの西の島アイルランドでは、現地の言葉で「メロー」と呼ばれるマーメイドが、人間の男と結婚して子供を産んだという伝承が多数残されている。

ちなみにマーメイドが歌を歌って人間を呼び寄せるという行動パターンは、32ページで紹介したセイレーンとそっくりである。それもそのはず、実はマーメイド伝承の一部は、本来は鳥と人間が合体した姿を持つセイレーンが、13～14世紀ごろから上半身人間＋下半身魚、つまりマーメイドと同じような外見で描かれるようになったために、歌で船をおびき寄せるセイレーンの伝承がマーメイドと混同されて生まれたものなのだ。

イギリスの画家ジョン・ウィリアム・ウォーターハウスが描いたマーメイド。1900年の作品。

悪しき怪物から一途なヒロインへ

上で紹介したとおり、現実世界のヨーロッパにおけるマーメイドは、人間を惑わす悪い存在だとみなされていた。またマーメイドは「肉欲」「誘惑」の象徴であり、特にカトリック教会にとっては「裏切りをもたらす悪魔の代理人」であり、キリスト教徒を罠にかけて罪を犯させる存在だと批判していた。上で説明したとおり、マーメイドに出会うと嵐が来るなどの伝承はかなり古くから存在していたため、これらの評価は宗教的立場とは関係なく、広くヨーロッパの人々に認識されていたものだと思われる。

こうした評価が一変したのはわずか100年前、20世紀になってからのことである。デンマークの童話作家ハンス・クリスチャン・アンデルセンが、人間の王子と恋に落ちた心優しいマーメイドの物語『人魚姫』を執筆し、『子供のための童話集』（1837年デンマーク）に掲載。アンデルセンの生前にはあまり評価された作品ではなかったが、20世紀初頭からオペラ、バレエなどの題材に盛んに選ばれるようになり、またアンデルセンの童話が世界の子供に読まれるようになったことで、マーメイドといえば美しく一途なヒロインというイメージが定着。悪のシンボルだったマーメイドは、一転して「美徳のシンボル」になったのである。

他国における人魚の姿

西欧におけるマーメイド（人魚）といえば、人間の上半身と魚の下半身を持つ生き物だが、ヨーロッパ以外の地域では、頭だけが人間で、それ以外が魚という人魚の伝承が多く見られる。わが国日本の人魚もこの姿であり、人魚の肉を知らずに食べてしまい、不老不死になった尼僧「八百比丘尼（やおびくに）」の伝説が広く知られている。

イギリスの北の端、ここスコットランドにはアザラシがたくさんいるべ！それにしてもアザラシって、遠目に見ると人魚みたいに見えるべな。案外船乗りたちも、アザラシを人魚だと間違えたんでねえだか？

まだまだいるぞ！ サカナ系亜人種

わたくし、デミヒューマン「海王族」の女王、ルサルカと申します。海の亜人種というとマーメイドばかりが注目されますが、有力な種族はほかにもおりますのよ？

　魚と人間の特徴をかけあわせた姿の亜人種たちは世界各地に分布している。マーメイドは、上半身が人間で、下半身が魚になっているデミヒューマンだったが、魚の体に人間の頭がついていたり、体格は人間だが全身が鱗に覆われていて水中活動する種族もおり、彼らのような種族を「半魚人」と呼ぶ。

　中世以降のヨーロッパでは、キリスト教カトリック教会の司教などがかぶる「ミトラ」という帽子をかぶり、二足歩行する半魚人「ビショップ・フィッシュ」あるいは「シー・モンク」の目撃談が相次いでいる。1931年のポーランドで書かれた、この怪物にまつわる騒動の顛末を伝える手紙が残されており、それによれば、漁師に捕まえられたビショップ・フィッシュは、鱗に覆われた魚の身体に人間の顔、そしてミトラのような円すい形の頭をしていたという。また、胸エラが2本のかぎ爪のような腕に、尾びれが2本の足に変化しており、2足歩行が可能であったそうだ。だが言葉は話せなかったらしく、彼がポーランドの国王の前へと引き出されたときには、身振り手振りだけで「海へ帰してほしい」という意思を伝えたという。

　ファンタジー世界の半魚人たちは、たいていの場合人間と敵対する邪悪な性質を持つ種族として描かれている。このように半魚人が「悪の種族」「人類の敵」だと設定する作品が多い理由は、20世紀前半のアメリカ人作家H.P.ラヴクラフトがつくりあげた架空の神話『クトゥルフ神話』の作品群に登場する半魚人「ダゴンとハイドラ」や、その部下である水棲種族「深きものども（ディープ・ワン）」の活躍によるものが大きい。深きものどもは人間と交配して子孫を増やす特徴があり、人間女性に生ませた子供は当初は人間として生きているが、成長やストレスなどを引き金として肉体と精神が「深きものども」に変化しはじめる。ただの人間が異形の怪生物に変貌する恐怖と作品内での不気味な描写が、半魚人を悪の種族に位置づけるきっかけになったと思われる。

コンラート・ゲスナーの『動物誌』に掲載されている、ビショップ・フィッシュの外見。

ビショップ・フィッシュは「地上だけでなく、海の中にもキリスト教信仰があるはずだ」という思い込みから生まれた、ということになっているそうですね……実際はどうかって？　機密事項ですわ♪

東洋、オリエントの亜人種
Demihumans in Asia & Orient

　人間に近い姿を持ちながらも、人間とは異なる生物の伝承は、もちろんヨーロッパ以外の地域にもたくさん残されている。特に人類最古といわれる文明が集中しているオリエント地方や、ユーラシア大陸東部のアジア地域には多くの人型種族の伝承がある。
　この章では、インド、日本、中東などの伝承から、8体のデミヒューマンを紹介している。彼らは西洋風の世界観を持つファンタジー作品にはあまり登場しないが、異世界のなかでも東洋風の地域などでは存在感を見せる種族である。

ナーガ

Illustrated by 皐月メイ

インドの神秘がファンタジーに上陸

ナーガ

欧文表記：Naga　別名：ナーガラジャ　出典：インドの神話

蛇の体を持つデミヒューマン

　ファンタジー作品において、ナーガというデミヒューマンは、おおまかに2種類の姿で描かれる。ひとつは人間の腰から下が蛇の胴体に置き換わっているもの。もうひとつは巨大な蛇の頭部だけが人間の頭になっているものだ。ファンタジーゲームの横綱『Dungeons & Dragons』では後者の"人間の首＋胴体"の姿が採用されているが、より多く見られるのは前者の「人間の上半身＋蛇の胴体」の姿である。多くの作品で、ナーガは魔法の才能に優れた神秘的な種族として描かれる。

　ナーガの原形は、インドで数千年前から語り継がれてきた神話上の種族である。彼らは複数の姿で描かれるが、もっとも多く見られる外見は、インドに多く棲息する幅広の頭部を持つ毒蛇「コブラ蛇」そのもの、あるいはその頭部が複数に分かれているものである。それ以外にも、コブラ蛇の胴体から人間の上半身が生えた姿、コブラ蛇の頭のかわりに人間の頭が生えた姿などがあり、ファンタジーにおけるナーガ族の姿は、後者の特徴を持ち込んだものだと思われる。

　インドの神話において、ナーガは神聖性を強調される場合も、邪悪さを強調される場合もあるという二面性を持つ。悪しきナーガ族は、インド神話の地獄にあたる地下世界パーラータの宮殿に住んでいるとされ、邪悪な世界を守る番人をつとめている。一方で聖仙カーシャパの息子であるナーガ族の始祖「シェシャ」のように、善良な性質を持ち神に準じる存在として信仰対象になっているナーガもめずらしくないのだ。ナーガが邪悪な存在として描かれるのは、彼らの原形であるコブラ蛇が猛毒を持っていることですぐイメージできる。一方で彼らが神聖な存在とみなされるのは、蛇が脱皮によって「生まれ変わる」ことから、世界的に蛇という生き物が「不死のシンボル」とされていることに関連があるのだろう。

　なお、ナーガは仏教に取り込まれ、中国で「龍」の一種だと考えられた。日本でも信仰されている仏教の龍神は、その多くがナーガから変化したものである。

ナーガは死者の国「冥界」の管理人だそうだべ。冥界っていうと暗いイメージがあるけども、この冥界はキラキラ明るいよいところらしくてな。オラもいつか死んだら、そんなよいとこでのんびりしてえだなあ。

人かと思えば猿でした！

ヴァナラ

欧文表記：Vanara　出典：『ラーマーヤナ』など

勇猛果敢な猿人一族

　ヨーロッパにはさまざまな動物と人間の特徴をあわせ持つデミヒューマンの伝承があるが、猿と人間の中間の姿を持つデミヒューマンは不思議と存在しない。これはヨーロッパにほとんど猿が住んでいないことが原因である。もちろんヨーロッパ以外の猿が住む地域には猿人間の伝承があり、そのなかでも有名なのがインドのデミヒューマン「ヴァナラ」である。この名前はインドの言葉ヒンドゥー語で「猿の人」という意味であり、まさに名が体をあらわす名前になっている。

　インド神話を代表する物語『ラーマーヤナ』をはじめ、インドの多くの物語に登場するヴァナラ族は、チンパンジーの背筋を伸ばして人間の外見に近づけたような種族である。人間より身長はやや低く、全身が薄茶色の体毛に覆われ、尻からは猿の尻尾が生えている。人間と同様に知能が高く、人間の言葉を話すことができる。性格は陽気で活発、正直で親切という善良な種族である。ただし好奇心旺盛でなんでもほしがる、短気で子供っぽいという短所もある。特筆すべきは、インド最古の宗教文書「ヴェーダ」の秘術を使って、人間そのものの姿に変身できることだ。そのため人間の街に忍び込んで情報集めや要人救出などのスパイのような仕事ができるほか、戦いにおいては勇敢に敵に立ち向かう、頼りになる種族なのだ。

　ヴァナラ族が活躍する『ラーマーヤナ』は、ラーマ王子という人間の英雄が宿敵の羅刹軍から妻を取り戻す長編英雄物語である。この物語において、主人公ラーマ王子の腹心として、準主人公的な活躍を見せる赤い顔のヴァナラ「ハヌマーン」は、インドでもっとも人気のあるヴァナラである。彼は風神ヴァーユの化身であるばかりか、生まれながらにして雷神インドラからさまざまな神通力を授かっており、雷鳴のような吠え声を放ち、体の大きさを自由に変え、空を自在に飛び回ることができる。これらの力を使い、劇中では「山の頂上をまるごともぎ取り、空を飛んで運ぶ」という離れ業をやってのけた。

日本の歴史学者、笹間良彦氏は、中国の長編小説『西遊記』の主人公、孫悟空の原形は、インドのハヌマーンだと考えている。たしかに神通力、空中飛行、怪力など、両者には似た特徴が多いようだ。

ノーアンデッド、バットアイライク死体
グール

欧文表記：ghoul　別名：グーラ、ゴール、ゴリ
出典：アラビアの伝承

死体じゃないよ、精霊だよ

　近年の創作にグールという存在が登場する場合、それはファンタジー世界によく見られる、動く死体や霊魂の総称「アンデッド」の一種だとされる。一説によれば、グールは生前に人間の肉を食べた者が死後に変化するアンデッドであり、きわめて不浄かつ危険な存在である。

　これらのグールは死体が特別な力によって動き出したもので、外見はゾンビによく似ている。ただしグールは眼が赤く、体毛はすべて抜け落ち、獣のように鋭い爪が生えている。この爪には傷つけた相手を麻痺させる力があり、また牙でかみついた相手に「グール熱」と呼ばれる病気を伝染させる。グールは普段は戦場や墓地などを徘徊して、腐った死体の肉を食っているが、生きた人間が彼らのなわばりに近づけば、物陰から飛びかかり、爪と牙で餌食とするのだ。

　このように現代ではアンデッドとして描写されることが多いグールだが、本来はアラビア地方の伝承に登場する邪悪な種族である。つまり本来のグールはよみがえった死体ではなく、デミヒューマンと呼んだほうが適切な存在なのである。

　アラビアの伝承に登場する精霊のグールは、アンデッドのグールと同じく人間の死体を食らう習性がある。黒い肌と黒い体毛を持つ醜悪な人間の姿で、足にはロバのひづめがついている。だが、彼らは自在な変身能力を持ち、これでハイエナや人間に化けて獲物を探すのだ。女性のグールは特に「グーラ」と呼ばれ、人間の美女に変身して男性を誘い込み、人気のない場所に連れ込んで食い殺す恐ろしい存在である。

　このように、人間にとってグールは危険な怪物なのだが、不思議なことに一部の伝承ではグールが人間の子供を養育する話が見られる。グールの女性グーラは乳房が垂れ下がり、邪魔にならないよう乳房を肩の上にかけることがある。この乳を子供が吸うと、どういうわけかその子供はグーラにとって乳を分けた子供と扱われ、グールの同族として養育されるのだという。

自分ちに迷い込んだ女の子を、王様のお嫁さんになるくらい立派に育てあげる……これを「グール」がやったって伝承があるらしいべ。このグール、ホントに人食い種族だか？　オラ自信がなくなってきたべよ。

よい子悪い子、どっちの天狗？

天　狗
てん　ぐ

欧文表記：Tengu　出典：修験道の伝承

翼を生やした和風デミヒューマン

　天狗は、日本の山に住む妖怪として特に知名度が高い存在である。その体は基本的には人間とよく似ているが、顔は人間とは異なり、真っ赤な顔に高く伸びた鼻、あるいはカラスのようなくちばしを生やしたものなどがよく見られる。また背中には羽根が生えており空を飛べるほか、山岳信仰から派生した修験道という宗教の修行者である「山伏」の服装を身にまとい、一本歯の高下駄をはき、手に羽団扇を持ち、さまざまな神通力を行使するという。

　天狗は平安時代ごろまで「山に住む、姿の見えない魔物」だと考えられていたため、天狗の外見については前述のような決まったものがなかった。時代が進んで江戸時代になると、江戸の三大祭りとして知られる神田祭で、赤ら顔で鼻の高い山伏姿の天狗が先導役を務めるようになり、これによって「天狗と言えば山伏装束と赤い鼻」という認識が庶民に広まったといわれている。

　かつて日本において、天狗は善と悪の両面から語られる存在だった。仏教では、修験道の山伏たちを「傲慢でわがままな悪人」だと断じ、上に説明したような「赤ら顔で鼻の高い天狗」の姿で描いて"天狗になっている"彼らを批判した。一方で修験道では、山伏の姿で描かれる天狗は偉大な存在であり、"牛若丸" 源 義経の剣の師匠だという伝承がある"鞍馬天狗"こと鞍馬山僧正坊のように、日本の山々にはそれを守護する偉大な天狗がいると考えていた。

　TRPG『Dungeons & Dragons』の世界には、この天狗とよく似た「ケンク」というデミヒューマンが登場する。彼らは直立二足歩行する鷹あるいはカラスのような外見で、鳥の足と同じような形をした２本の腕を持つ。初期のころは背中から翼が生えた姿だったが、最新の設定では背中の翼は退化している。ケンクという種族は、都市の裏社会に生きる小悪党であり、生き汚くするがしこい。その生き様は仏教において、堕落した修行者のシンボルとされたころの天狗を連想させるものがある。

日本では人間が天狗になることもあるそうだな。12世紀に天皇となった「崇徳上皇」は、政争に負けて追放され、恨みのあまり生きたまま天狗になって、都の政敵たちに復讐したというぞ。

吹雪の夜は美女にご注意

雪女(ゆきおんな)

欧文表記：Yukionna
出典：日本の伝承、『怪談』（1904年日本　著：小泉八雲）

冬山に死をもたらす女妖怪

　ファンタジー世界には、ニンフ（➡p28）やマーメイド（➡p60）のように美女のモンスター、デミヒューマンがつきものだ。日本における代表的な美女のデミヒューマンをあげるなら、「雪女」が筆頭候補となるだろう。雪山などにあらわれる妖怪で、長い黒髪と白い肌、白い衣をまとった美女の姿で広く知られている。

　現在もっとも広く知られている雪女像は、明治時代にギリシャから日本に帰化した文筆家「小泉八雲(こいずみやくも)」の小説『怪談』に登場する雪女であろう。この作品では、ふたり組で森に入った木こりの青年が、小屋で吹雪をしのいでいるとき、相棒の木こりが美しい雪女に白い息を吹きかけられて凍死してしまう。だがこの青年は「容姿が美しいから」という理由で、このことを誰にも話さないという条件つきで見逃される。やがて青年は「お雪」という美女と結婚して10人の子供をもうけるが、うっかり妻に山小屋での出来事を話してしまった。実はお雪の正体はあのときの雪女であり、彼女は約束を破った主人公を殺そうとするが決心できず、主人公に子供たちを託したのち、霧となって消滅してしまったという。

　この物語は主人公が助かる美談となっているが、日本各地に残る雪女伝承では、旅人を凍死させるだけでなく、谷底に突き落とす、生き肝を抜く、精を抜き取るなど、恐ろしい方法で人間を殺す者がほとんどである。

　ファンタジー世界に雪女が登場する場合、雪女は氷の精霊に近い存在と設定されることが多い。『Dungeons & Dragons』では、雪女は人間を捕食する氷の妖精だと設定され、氷を武器として自在にあやつるほかに、上にあげられた伝承を再現しうる多彩な特殊能力を備えている。それは「数日間の吹雪を起こす」「視線で人間を麻痺させる」「口づけで相手を殺す」というもので、雪女は人間を発見すると吹雪で足止めして自分のすみかに誘い込むと、麻痺の視線で動けなくなった人間に「死の口づけ」を行い、犠牲者の命の炎を凍らせてしまうのだ。

山んなかの小屋で雪女と会って、水をくれって言われたら、素直に出すと殺されちまうらしいだ。そんときは水じゃなくって熱い茶を出せばいいらしいべ。最後は饅頭と熱いお茶が怖いってやつだべな！

illustrated by しのはらしのめ

無礼なやつらは呪っちゃうぞ？
コロポックル

欧文表記：Korpokkur　別名：トイチセウンクル（土の家の人）、トイセコッチャカムイ（土の家のそばの髪）、トンチ
出典：アイヌの民話

北海の小さな亜人族

　コロポックルは、北海道の先住民族であるアイヌの伝承に登場する小人族である。その姿は身長がきわめて小さい（数cmという記述もある）ことを除いてアイヌの民とそっくりであり、すなわちアイヌ独特の模様が入った衣服を着て、体には入れ墨を入れている。コロポックルという名前はアイヌ語で「蕗の下に住む人」または「竪穴に住む人」という意味がある。彼らはアイヌよりさらに古くから北海道に住んでいた先住民族で、狩りや漁で日々の糧を得ていたという。

　コロポックルの伝説は、北海道のほとんどの地域に残されている。その内容は場所ごとに異なるが、「コロポックルはその姿を見られることを極端に嫌うものの、食べ物を分け合う、交換するなどしてアイヌと共存していた。しかしアイヌが女性をさらう、迫害をくわえるなど、彼らに害を与えたことに怒り、一族全員で北へと姿を消した」というのが基本的な物語の流れである。北海道南部の十勝地方では、コロポックルが去り際に「トカップチ（水は枯れろ、魚は腐れ）」という呪いの言葉を吐いたことが、十勝という地名の語源になったといわれている。もっともこれには別の説もあり、十勝の語源は「トカプチ（乳）」であり、この地を流れる十勝川の河口が乳房のような形をしていることからついた地名だともいう。

　身長数cmの人間が実在するはずはないが、体格の面に目をつぶるとすれば、コロポックルには原形になった部族が実在したという意見もある。考古学者、アイヌ研究者の瀬川拓郎博士は、伝承に語られるコロポックルの「相手に姿を見せず、特定の場所に交易品を置き去りにすることで物々交換を行う」「竪穴式住所に住む」「土器の原材料を求めて移住する」という生活習慣から、北海道の東海上に浮かぶ「千島列島」北部のアイヌ族がコロポックルの原形だと考えている。これを裏付けるかのように、北海道、千島列島南部、樺太など周辺地域にまんべんなく広がるコロポックル伝説が、千島列島北部だけには伝承されていないのだ。

千島列島北部のアイヌは、よその部族の前に姿を見せて交流することがほとんどなかったらしい。「直接姿を見せない物々交換」とは、現代で言う野菜の無人販売所のようなものだろうか？　実に興味深い風習だ。

illustrated by みょんこ

お尻をガブリで中身をチューチュー

河童(かっぱ)

欧文表記:Kappa　出典:日本の民間伝承

日本の水辺に棲む奇妙な隣人

　日本風の世界を舞台とするファンタジー作品では、日本三大妖怪である河童が、デミヒューマンの一種として紹介されることがある。独特の外見と水陸双方で活動できる河童は、和風ファンタジーの名脇役として異彩を放っている。

　現在われわれが想像する河童の姿は、緑色の肌を持つ直立二足歩行の人間型で、背中に甲羅を背負い、頭には皿のような器官をのせ、口は尖って犬のような鼻があり、手足には水かきがついている、というものだろう。実はこの姿や「河童」という名前は、江戸時代ごろになって一般化したものにすぎない。本来の民間伝承の河童の姿は地域差が大きく、名前についても、河童という名前を使っていなかった地域のほうが多数派である。明治以降の妖怪研究で、「川辺に住み、生き物を水中に引きずり込む妖怪」のことをすべて「河童の一種」だと定義した結果できあがったのが、現在日本人が意識する河童のイメージなのである。

　ただし、河童の習性は古くからほとんど変わっていない。大好物はキュウリなどの夏野菜で、人間と相撲を取ることを好み、人間の内臓、特に肛門にあると想像されていた「尻子玉(しりこだま)」が好物で、水中に引きずり込んだ人間から尻子玉を引き抜いて食べてしまうのだ。なおこの逸話は、水死体は内臓が腐って流出し、お尻の部分がくぼんだ状態で発見されるため、これを「河童に尻子玉を抜かれた」と解釈したことから生まれたものだと考えられている。

　なおアメリカでは、尻子玉を抜く行為が「尻から血を吸う」と解釈されたのか、吸血鬼の一種だとされることがある。それを反映してか『Dungeons & Dragons』では、通常の「common kappa」や甲羅を持たず隠密性に優れた「kappa-ti」のほかに、血を吸って敵を衰弱させる「vampiric kappa」という亜種が登場した。なおこのゲームでの河童は、頑健な肉体と硬い甲羅を持つしぶとい種族と設定されている反面、皿から水がなくなると力を失うという特徴も忠実に再現されている。

河童が相撲好きなのは、人間たちが夏に奉納相撲をするからだそうです。そういえば河童が好きなキュウリとナスは夏の野菜でした。つまり夏の奉納相撲のお供え物を盗むのが河童ってことですか。

人食いオーガは東洋にもいた！

鬼

欧文表記：Oni　出典：日本の伝承　棲息地：日本各地

おとぎ話のやられ役

「鬼」という種族の外見を想像するとき、多くの人々が真っ先にイメージするのは、赤、青、緑などの派手な色をした肌に、頭からは黒い巻き毛と角が生え、口には牙、手には鋭い爪を生やし、虎の毛皮を腰に巻きつけた姿だろう。これは日本の昔話『桃太郎』などでおなじみの姿だが、この姿で描かれる鬼には、桃太郎をはじめとする英雄に退治される、コミカルで情けないイメージもつきまとっている。

だがかつての日本人にとって、鬼とはもっと切実に恐怖するべき存在だった。その代表格が、平安時代に京の都から人間をさらい、生きたまま食ったり奴隷としてこき使ったという「大江山の酒呑童子」だろう。彼に代表される強力な鬼は、ただ腕力が強いだけでなく、深い知恵にくわえて神通力のような超能力を持っている。人間の心を読んだり、姿を見えなくしたり、人間に化ける鬼の伝承は、日本に無数に残されているのだ。

三重県の伝承『藤原千方の四鬼』の鬼を描いた浮世絵。1872年『書画五十三駅』近江土山千方之邪法」より。

鬼の誕生と拡大

現代人にとって鬼とは、たくましい肉体を持つ大柄な人型生物だろう。だが「鬼」という言葉にはそれ以上に広い意味がある。「鬼」の広がりを知るために、まずは鬼という概念がどこからきたのかを追ってみよう。

鬼という概念は、中国で生まれて日本に伝わったものだ。中国において鬼は「キ」と発音する。そして中国の鬼とは、人間の体から離れた魂が地上に帰ってきたもの……つまり死者の霊魂を意味する。これが転じて中国では、幽霊や死霊、動く死体などを「鬼」と呼んでいた。日本とはずいぶん違う意味合いである。

一方日本では、姿の見えない「カミ」や「モノ」を"オヌ（隠）"と呼んでいた。中国の鬼（キ）の概念が渡来すると、霊魂は人には見えないため、鬼（キ）は「オヌ」と結びつき、日本固有の「鬼（オニ）」という概念が誕生したのである。

こうして「姿の見えない怪物」をあらわす言葉になった日本の鬼だが、その意味が時間が経つにつれてさらに変化し始める。平安時代ごろになると、鬼は「異界に住む、世界の秩序を乱す存在」だと考えられるようになった。ここでいう異界とは、日本の都である京都に住む人々にとっての異界であり、すなわち「都の統治が完全にはおよばない場所」のことを指す。それは言葉どおりの異世界であることもあれば、険しい山の中という現実に存在する場所の場合もある。前述した酒呑童子は「大江山の酒呑童子」と呼ばれることから、本来は大江山という山に住み着いていた、山賊たちの頭領であったと考えられるだろう。

またこれと平行して、仏教の世界にも「鬼」が取り込まれ始める。仏教では、生前に罪を犯した者は閻魔大王の裁きを受け、地獄で責め苦に遭うのだが、このとき罪人の魂を連行し、刑を執行する「地獄の獄卒」の正体が鬼だということになった。仏教では地獄の獄卒たちの肌の色は赤や青で描かれたため、それ以外の鬼、例えば酒呑童子のようにもともとはただの山賊にすぎなかった鬼も、絵画などでは赤や青の肌で描かれるようになったのだ。

また、鬼のなかに人間に変身する者がいることはすでに説明したが、これとは逆に、恨みや嫉妬をつのらせたあまり、人間が鬼に変身してしまうという概念も一般的なものになった。日本の伝統芸能「能」では、人間の女性がこのような理由で鬼になってしまう現象を、般若という仮面をかぶることで表現する。

日本の鬼は「姿の見えない怪物」という非常にあいまいな特徴をもって一歩目を踏み出したため、さまざまな存在が鬼だと呼ばれるようになった。そしてその外見は、鬼としての出自に関係なく地獄の獄卒から連想された姿に定まり、現在の「鬼」文化が成立したのであろう。

西洋ファンタジーにおける"Oni"

RPG『Dungeons & Dragons』をはじめとする欧米のファンタジー作品には、主要な舞台である西洋風世界のほかに、東洋風の文化を持つ地方が設定されていることがある。そのような東洋風世界では、日本を代表する妖怪である"Oni"が、一種のデミヒューマンとして活躍する場合がある。

東洋風ファンタジー世界における"Oni"は、西洋におけるオーガ(→p58)に似た、巨体の人食い鬼と設定されていることが多い。性質は比較的邪悪なものが多く、東洋風世界に住む人間にとっては危険なモンスターそのものである。

『Dungeons & Dragons』に登場するOniは、版によって能力の傾向が異なる。第3.5版のOniは、圧倒的な筋力を持ち、酒を飲むたびに強くなる力自慢の種族である。第5版のOniは体格がそれほど大きくないかわりに人型種族への変身能力を備えており、人間の都市などに紛れて生きるしたたかさが目立つ種族になっている。

鬼に牛の角があって虎皮を撒いてるのは、鬼が入ってくる方角「鬼門」のことを「丑寅」って言うかららしいだ。あ、いや、オラ牛の角あるけんども鬼じゃねえだよ!? トラ縞パンツもはいてねえだ!

博物誌の亜人種
Demihumans in "Naturalis Historiæ"

　これまで紹介してきた種族は、神話や伝承など、どこかあやふやな言い伝えのなかで生きていたデミヒューマンだったが、この章で紹介するデミヒューマンは、古代ローマの百科事典であるプリニウスの『博物誌』をはじめとした真面目な学術書に紹介され、実在すると信じられてきた種族ばかりだ。
　しかし本章に掲載した５体のデミヒューマンたちは、むしろ神話伝承のデミヒューマンたちよりも人間離れした、荒唐無稽な姿をしている。人間の想像力に驚かされる亜人たちである。

Illustrated by 皐月メイ

キュノケファロス

お足を傘にお昼寝タイム

スキアポデス

欧文表記：Sciapodes　別名：モノコリ
出典：『博物誌』（著：プリニウス　1世紀ローマ）

未開の地に棲む1本足の人型生物

　スキアポデスとは、数々の旅行記、博物誌にその名前が見られる、1本足のデミヒューマンだ。上半身は人間そのものなのだが、下半身は腰の下から、胴体と同じ太さの下肢（ふとももから足首まで）が1本生えており、足は身体を支えられるような巨大なもの、という異形の姿である。その名前はギリシア語で「影（skia）」「足（podes）」という意味の単語を組みあわせた結合語から来ている。また、古代ローマの偉人プリニウスの『博物誌』には、ギリシャ語で"1本足"という意味の名を持つ「モノコリ」という種族が紹介されているが、これも同じ亜人種である。

　先述の『博物誌』および中世イングランドで成立した『東方旅行記』に書かれているところによれば、この奇妙な亜人種はインドとエチオピアで見られたという。その外見や生態はどちらの記述でも完全に一致しており、彼らは巨大な1本足であるにも関わらず、恐るべき速度で走れるそうだ。また、眠るときにはその巨大な足を、まるで傘のように頭の上にかざして、強い日差しを巧みに避けるのだという。この習性から、インドでは「傘足種族」とも呼ばれていたそうだ

　中世以降になると、スキアポデスは当時のヨーロッパで盛んに書かれていた旅行記にしばしば登場するようになり、彼らは「未開の地に棲む、未開の象徴」として取り上げられるようになった。そしてその姿が広く知られると同時に、徐々にキリスト教の教義にも取り込まれていったらしく、フランスの寺院や教会の装飾には、1本足のスキアポデスの姿がしばしば描かれていた。

　もちろん、このような1本足の人型生物種が存在するわけがなく、見間違いによる思い込みか、あるいはまったくの創作であろう。14世紀に成立した書籍『ボヘミア年代記』では、スキアポデスのような亜人種はすべて詩人による創作である、と一蹴した上で、インド人が裸で外を歩くときには、頭上に日傘をさす習慣があり、それが巨大な足のようににに見えたのだと、その起源について述べている。

『ナルニア国ものがたり』っていう小説に、このデミヒューマンが出てたですね。種族の名前は……「のうなしあんよ」……おハツさん、帰るですよ。べつの種族から探すです。

博物誌の亜人種

生まれたときから腹踊り
ブレミュアエ

欧文表記：Blemmyae　別名：ブレムミュアエ、アケパロイ
出典：『東方旅行記』（著：ジョン・マンデヴィル　14世紀イギリス）

博物誌に名高い首なし人間

　基本的な体は人間と同じだが、肩から上についているはずの首と頭がなく、そのかわり胴体にふたつの目と鼻と口が付いている。ブレミュアエというデミヒューマンの異形ぶりは、本書で紹介したデミヒューマンのなかでも突出している。デミヒューマンはおろか、世界中の伝承に残る異形の存在のなかでもトップクラスの異形と言えるであろう。ブレミュアエという名前には特に由来はないようで、それを紹介している文献内にも記述されていないのだが、一説によれば、この名はあるラテン語の著述家が命名したものであるらしい。

　ブレミュアエのような首なし人間は、古くは1世紀、プリニウスの『博物誌』に「インドのスキアポデス（→p84）が棲む所からさらに西方に、首がなくて目が肩についている連中がいる」という記述がわずかに見られる程度だ。だがその異形の過ぎる外見からか、中世になってもその存在は伝えられていたらしく、数々の絵画や挿絵、旅行記や博物誌にその姿が描かれている。

　またイングランドの自称騎士ジョン・マンデヴィルの『東方旅行記』によれば、ブレミュアエはインドネシアのジャワ島周辺に散在する島に棲息していた奇妙な人間、と書かれており、その姿は「首と頭がなく、目は両肩につき、口は馬のヒヅメのような形をして丸く、胸の真ん中に付いている」というものであったという。また近くの別の島には、首から上がないというのはブレミュアエと同じだが、背中に両目と口がついている、というデミヒューマンもいたそうだ。

　他にもブレミュアエに似た存在の伝承としては、中世ヨーロッパの奇譚集『皇帝の閑暇』の第75章「無頭人間」で、同じように頭のない奇妙な生命体が紹介されている。それによれば、彼らはエジプトのブリソン川の近くにある島に棲んでおり、目と口が胸に付いているという。その背丈は約3.6m、幅は約2mという巨体であり、皮膚は金色に類するものであるそうだ。

頭がない亜人種族という伝承は、東アジアから北アフリカにかけて多いらしい。なぜこの地域に多いのか気になるところだな……109ページでは中国にいる同類を紹介している。

やっぱりアリさんは働きもの！
ミュルミドーン

欧文表記：Myrmidon　別名：ミュルミドーン人
出典：ギリシャ神話

王の願いから生まれた働き者

　ミュルミドーンは、もともとは小さなアリだったが、神の力によって人の姿に変えられたデミヒューマンである。その外見は人間そのものだが、働きアリの性質を引き継いでいるのだろう、非常に勤勉で忠実であり、戦争となれば勇敢に戦うのだという。

　ミュルミドーンの誕生を語る神話には複数のパターンがあるが、有名なものはエーゲ海に浮かぶアイギナ島でのエピソードである。そこを統治していたゼウスの息子アイアコス王は、疫病で島民が全滅するという災厄に遭って絶望し、父ゼウスに自身の死を願い、同時に「アリの群れのように市民で賑わう街に戻してほしい」とも願った。それから一夜明けて「アリが巨大化する」という夢を見たアイアコスが目を覚ますと、街には若さと活気にあふれる人々が行列をなして、アイアコスを王と讃えていたのだ。アリが変身した彼らに、アイアコスはギリシャ語でアリを意味するミュルメクスという単語からミュルミドーンと名付け、新たな民として迎え入れたのである。

　ミュルミドーンはこの後、ギリシャ神話上の「トロイア戦争」に登場し、無双の英雄アキレウスなどに率いられ奮闘している。数々の戦果を挙げた彼らの勇敢な戦いぶりは「生肉を食らう狼の群れのよう」と賞賛されている。

　また、13世紀の神聖ローマ帝国で成立した奇譚集『皇帝の閑暇』では、ミュルミドンアリという、名前の似ている奇妙な生き物が紹介されている。それによれば、ミュルミドンアリはエジプトの近くの島に流れる、ガルガルス河の彼方に棲んでいるという。彼らは子犬ほどの大きさであり、身体は大海老のようで色は黒く、6本の足で「歩いているというよりは飛んでいる」と言われるほどの速度で動きまわるそうだ。さらに性質は非常に獰猛であり、人間や動物を捕まえると、犬のような歯で骨まで貪り食ってしまうという。だがこのアリには「地中の黄金を集めて溜め込む」という奇妙な習性があるため、その付近に住む人々は、たくさんのラクダを囮にし、アリの集めた黄金を命がけで奪い取ることで生計を立てているそうだ。

ミュルミドーンさんは働き者なうえ、倹約家で有名なのです。
そういえばアリさんって、食べ物を見つけても、その場で食べずに巣に持って帰るですもんね〜。短命の者共にしては見上げた倹約家です。

グッドスメルで生きている
アストミ

欧文表記：Astomi
出典：『博物誌』（著：プリニウス　1世紀イタリア）

空気を生命の源とする人種

　古代ローマの学者プリニウスの著書『博物誌』では、数多くの奇妙な存在を紹介しているが、アストミと呼ばれているデミヒューマンもまた、そのなかで紹介されている奇妙な人種のひとつである。それによれば彼らは食事を摂ることなく、香りを吸い込むことで生命を維持しているのだという。

　歴史家であり、『インド誌』の著者でもあるメガステネスが語った内容をもとに記したという『博物誌』内の記述によれば、アストミはインドの東の果て、ガンジス川の水源近くに棲む亜人種であり、その顔には口がないのだという。また身体は全身が毛に覆われており、衣類のように生綿をまとっている。そして最大の特徴として、彼らは飲み食いを一切することなく、ただ鼻孔を通じて吸い込む花や木の根っこ、リンゴなどのさまざまな香りのみで生きているというのだ。またアストミが少し長い旅行などに出かける際には、その道中で飢えないよう、香りのするものを携帯していく、とも言及されている。香りを生命の源とするアストミは、同時に嗅覚が弱点であるようで、少しでも強い匂い（おそらく悪臭と考えられる）を嗅ぐと、それだけであっさりと死んでしまうそうだ。

　アストミはこのプリニウスの記述から「未開の地の象徴」として、当時の旅行記などに盛んに転用されている。例えば中世イングランドで成立した『東方旅行記』には、アストミに似た特性を持つ奇妙な人種が紹介されている。ジャワ島周辺にある数多くの島のひとつには、まるで小人のように背の低い人たちが棲んでいる島があるという。その人たちは小さいだけではなく、アストミのように口と舌がない。だが口のあるはずの場所には小さな穴が空いており、植物の管などで食物をすすって食べるそうだ。また口がないため、普通にしゃべることはできないのだが、キャッキャとおたがいに叫び合い、さらに身振り手振りを駆使して会話をする。それでも、彼らどうしの間では何の問題もなく意思疎通ができているのだという。

博物誌の亜人種

おハツさんおハツさん、アストミって、長旅するときはニオイのするものを持って行くそうです。お弁当まで「ニオイ」なのですか……よくもまあニオイだけで力が出るですよね〜。

illustrated by よつば

独自の文化を持つ犬頭人間

キュノケファロス

欧文表記：Cynocephalus　出典：博物誌、東方旅行記

その亜人種は実在を信じられていた

　キュノケファロスとは、中世ヨーロッパにおいて、いわば「未開の象徴」のひとつの姿として創造されたと考えられる、犬の頭を持つデミヒューマンだ。この亜人種がはじめて紹介されたのは、古代ローマの歴史学者メガステネスの著書『インド誌』である、というのが有力な説である。

　プリニウスの『博物誌』では、先述のメガステネスから聞いた話として、インドの多くの山々に棲むという「犬の頭を持つ人間の種族」を紹介している。それによれば彼らは野獣の皮を身にまとい、言葉は話せず咆哮で会話をし、獣や鳥を狩っては食べていたという。また手にはするどい爪が生えており、それを武器として使っていたそうだ。メガステネスによると、彼がインドにいたころ、この犬頭の人間種族はなんと12万人以上もいたとのことである。

　だが『東方旅行記』の中で紹介されているキュノケファロスは、犬の頭を持つ種族、という点こそ一致しているものの、性質が博物誌のそれとは大きく異なっている。彼らはジャワ島の近くのナトゥメランという島に棲んでおり、そこに棲む人々は男も女も犬のような頭を持っていることから「犬頭種族」と呼ばれていたそうだ。だがその奇妙な見た目とは裏腹に分別があり、非常に信心深く、知恵も深く賢いという。また外を歩くときはほぼ全裸であり、陰部に小さな布を当てて隠しているのみである。そして彼らの身体は非常に大きく、いざ戦いに挑むとなると勇猛果敢であり、全身を覆い尽くすほどの大きな盾と長槍を持って戦うのだという。そして戦場で敵を捕らえると、その肉体を食べ尽くしてしまう、というのだ。

　またキリスト教には同じく、犬の頭を持った聖人の伝説があり、当時のヨーロッパでは犬頭の人間が実在していると広く信じられていたようだ。ある高名な神職者などは、多数の異形の存在からキュノケファロスを筆頭とした上で「彼らが仮に実在していれば、彼らとてアダムの子孫である。差別をしてはいけない」と説いている。

5世紀の司教、聖アウグスティヌスは、デミヒューマンもアダムの子孫だから、差別するなという意味のことを書き残している。ほら、ハツにふっこよ、お前たちもキリスト教を信じれば楽園に行けるそうだぞ？

illustrated by 咲良ゆき

『博物誌』ってどんな本？

 11ページでもすこしだけ紹介したが、『博物誌』は古代ヨーロッパのデミヒューマン文化を語るうえで欠かせない文献のひとつだ。その内容を少しくわしく紹介しよう。

『博物誌』とは、古代の百科事典のような文献だ。古代ローマの学者、政治家、軍人であったガイウス・プリニウス・セクンドゥスが、地理学、天文学などの学問のみならず、動物、植物、薬品、芸術、建築、鉱物など、あらゆるものに対する知識をまとめたものである。のちのヨーロッパの知識人に愛読され、また数々の幻想文学作品に影響を与えたと言われている。

だが『博物誌』は、プリニウス本人がその目で確かめたことだけが書かれている本ではない。そもそもヨーロッパ、アフリカ、アジアの記述を網羅した『博物誌』の記述を、ひとりでまとめあげるのには無理がある。この本の記述は、当時存在していた、100人以上の著者による2000巻以上の文献をプリニウスが参照し、重要な内容をまとめあげたものなのだ。

そのため『博物誌』の異国の風物に関する記述には、原著者の創作や誤解、思い込みが混ざっている。それゆえにこの本には、現実には存在しない奇妙な動物、デミヒューマンが多数紹介されているのである。

83ページから紹介してきた亜人種のほかにも、『博物誌』には亜人種またはそれに近い怪物が多数紹介されている。その一部を紹介しよう。

●スフィンクス
　ライオンの身体に人間女性の胸から上がついた獣。人間になぞかけをする。
●ネレイス
　ギリシャ神話に登場する、半人半魚の姿をした、海に棲む精霊または神。
●マンティコア
　エチオピアに生息しているという生物。顔は人間、体は獅子、尻尾はサソリのようで、人間の声を真似るという。
●トリトン
　ギリシャ神話に登場する、半人半魚の姿をした海神。

 ありゃ？　スフィンクスって女性だったべか？
たしか本で見たスフィンクスは男の頭で……あっ、それから胸から上じゃなくて首だけが人間だった気がするべ……。

 ギリシャのスフィンクスは、中東に昔からあったスフィンクス伝承を借りたものだから、エジプトのものとはかなり外見が違うのだ。ちなみに謎かけをするのは、エジプトではなくギリシャのスフィンクスだぞ。

ファンタジーの亜人種
Demihumans in Fantasy Tales

　この章で紹介している13体のデミヒューマンは、既存の神話伝承とは関係なく、現代のファンタジー作家の想像力によって生み出されたオリジナル種族や、神話伝承にルーツをもちながらも、創作世界のなかで大きく姿を変えてしまった種族たちである。
　これらのファンタジー作品オリジナルの種族たちは、作品世界を特徴づける重要な要素として大きく取り扱われている。また、先発の作品が生み出した種族が、のちのファンタジー作品で定番の種族として採用されていることもめずらしくない。

Illustrated by 皐月メイ

ドラコニアン

小さくたって主役になれる！
ホビット

欧文表記：Hobbit 　別名：ハーフリング 　出典：『ホビットの冒険』

小柄ですばしっこい小人族

　ヨーロッパの伝承には、人間に悪戯をしかけたり、食べ物をもらって喜ぶ、好奇心旺盛で享楽的な妖精たちがおり、エルフ、ドワーフ、フェアリーなどと呼ばれていた。だがイギリスの作家J.R.R.トールキンが創造した異世界「中つ国」では、エルフは優れた知性を持つ高貴な種族で、ドワーフはたくましい肉体と鍛冶の技術を持つ偏屈な種族だと設定された。妖精が本来持つ陽気さや、享楽主義的な生き方は、トールキンが作ったデミヒューマン「ホビット」族のものとなっている。

　ホビットは身長が100cm程度の小柄な種族で、髪の毛は巻き毛、耳がやや尖っている。おなかは丸く太り、足にはスネから下にびっしりと茶色い毛が生えている。そして足の裏は革のように丈夫なので、ホビットは靴をはかないのだ。なお、「足の裏に毛が生えている」と紹介されることもあるが、これは原文の誤訳である。

　ホビット族は緩やかな丘の斜面に横穴をくりぬいた、複数の部屋から成り立つ「ホビット穴」に住んでいる。「洞窟の中に住む種族」というと未開種族のような印象を受けるかもしれないが、ホビット穴は非常に清潔であり、内部には立派な家具が山のようにおさめられて、きわめて快適な暮らしを送ることができるのだ。

　ホビットたちは美味しいものを食べることが何よりの楽しみで、一日のほとんどを食べ物の生産に費やし、可能なら1日に6回も食事を楽しむ。親戚、血縁関係を重視し、食べて騒いでさえいれば幸せなホビットたちは、農村での平凡な生活を愛しており、血湧き肉躍る冒険などには興味を示さないものがほとんどである。

　ただしひとたび冒険に出れば、ホビットは一団の「斥候役」として非常にすぐれた資質を持っている。彼らは身を隠す技に長けており、鋭い視力と聴力もある。ホビットはこの力を生かして敵を発見し、先制攻撃を加

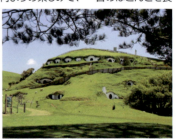

映画『ロード・オブ・ザ・リング』では、ニュージーランド北島にあるアレクサンダー牧場に、「ホビット穴」のセットが作られた。このセットは今でも保存され、観光名所となっている。撮影者：Anrie

illustrated by 粗茶

えたり、戦いを避けて回り道をすることができるのだ。また、ホビットは非常にタフな精神を持っており、困難な状況に陥ってもくじけずに打開策を探ることができる。精神を支配しようとする魔法にも強い耐性があり、これが『指輪物語』でホビットを主人公たらしめる要因となっている。ただしホビットのほとんどは泳ぐことができないので、船に乗ったり水場に近づきたがらないのが、冒険者としてのホビットの弱点である。

ホビットからハーフリングへ

トールキンの『ホビットの冒険』や『指輪物語』で主役を張り、世界中のファンタジー好きに知られることになったホビットたちと「中つ国」世界。この壮大で魅力的な世界で冒険をしたいという欲求が、ロールプレイング・ゲーム『Dungeons & Dragons』を生み出した。1975年に初版が発売されたこのゲームは、アメリカ全土で大ヒットとなった。そのヒットぶりは、宇宙人と少年の交流を描いた1982年の映画『E.T.』冒頭で人間の側を描くシーンが、少年たちが『Dungeons & Dragons』を遊んでいる場面から始まることでもうかがい知ることができる。

プレイヤーがファンタジー世界の登場人物となって冒険することができるこのゲームでは、プレイヤーが選べる種族に、人間やエルフ、ドワーフに混じって、人気者の「ホビット」が入っていた。だがトールキンのオリジナル種族である「ホビット」には商標登録があり、無断、無償でその名前を使うことはできなかったのである。トールキンの版権を管理する会社からの抗議を受け入れて、『Dungeons & Dragons』はホビットという固有名詞の使用をやめ、ホビットと似た性質を持つ「ハーフリング」という種族を登場させた。この名前は「小さき人」という意味で、『指輪物語』のなかで、ホビットを指す言葉として使われていたものである。

ハーフリングは身長や体格、身軽さ、鋭敏な感覚、陽気な性格などホビットと類似する点が多かったが、しだいにホビットから離れた独自の性格設定がなされるようになった。現在では、定住ではなく放浪生活を好み、望んで冒険のなかに身を置くという、ホビットよりも物語の主人公になりやすい性格付けがされている。

後世のファンタジー作品にもホビットに似た種族は多い。彼らにはタルタル（RPG『ファイナルファンタジー11』）、グラスランナー（TRPG『ソード・ワールドRPG』）など、世界ごとに独自の名前がつけられて、各所で活躍している。

第3の小人族"ノーム"

『Dungeons & Dragons』は、たくましい小人ドワーフ、すばしこい小人ホビット／ハーフリングにくわえ、第3の小人族「ノーム」を登場させた。ノームはもともと欧州の民話に登場する大地の精霊だったが、『D&D』では種族の差別化のため、ノームを魔法や機械技術に長けた小人と設定。今日まで続く人気種族となっている。

『ホビットの冒険』を日本語に翻訳した瀬田貞二という人は、ホビットの元ネタのひとつはウサギじゃないかって書いてます。たしかにどっちも丘に穴を掘って住むし、"ホ"ビットと"ラ"ビット……似てるですね。

デミヒューマンの宝庫"旅行記"とは?

86ページに出ていた『東方旅行記』って、書いてあること嘘ばっかりなのですよ。なんで自分で調べないですかね?世界一周なんて200年もあれば余裕なはずなのです。

本書において、『博物誌』と並んで、デミヒューマンの出典として紹介されることが多い文献『東方旅行記』は、世界一周をなしとげたと豪語する自称騎士のイギリス人「ジョン・マンデヴィル」の著書だ。世界の国々、人々やデミヒューマン、奇妙な風習、不思議な存在などの怪しい情報が多数書かれている。

この本が成立した14世紀前後は、いわば「旅行記ブーム」のようなものが発生していたようで、例えば『東洋旅行記』や『東方地理誌』、『ボヘミア年代記』、そして冒険家マルコ・ポーロの有名な『東方見聞録』など、数多くの旅行記が刊行されている。なかでも『東方旅行記』は、"生き生きとした未開の土地の様子が窺い知れる名著である"と一大ブームになり、当時の庶民はおろか、王侯や聖職者までもがこぞって読み漁っていたのだという。

これらの旅行記には、実際に著者が旅行したときの風物を書き残したものもあるが、「実際に旅していない場所のことを、ほかの文献から得た情報を使って、さも自分が体験したことのように書いた」ものも少なくない。冒頭に「豪語する」と書いたとおり、『東方旅行記』は典型的な後者の文献にあたるものだ。

アジアやアフリカのことを記した古い資料をもとに作られた『東方旅行記』には、現代人が見れば笑ってしまうような荒唐無稽な話、種族が数多く紹介されている。19世紀ごろに『東方旅行記』の記述がでたらめだらけだと判明すると、かつては「英文学の父」と称されていたマンデヴィルの評価は地に落ちてしまった。

だが、これをもってマンデヴィルを糾弾するのは正しいとはいえない。16世紀ごろの冒険家たちは、『東方旅行記』の記述に冒険心を刺激され、はるか遠い地へ旅立っていったのだ。『東方旅行記』は、地球上のあらゆる場所が船でつながる『大航海時代』を導いた、大きな原動力のひとつなのである。

また、86ページ以降紹介した奇談集『皇帝の閑暇』も、その実体は『東方旅行記』と同種の「世間の噂を集めた、根拠のない奇談集」だが、同書を翻訳した歴史学者の池上俊一は「当時のヨーロッパの民俗文化を色濃く伝える文献」だとして高く評価している。これらの文献群は、当時のヨーロッパの世相を今に伝えてくれる貴重な資料でもあるわけだ。

なるほど、内容に嘘があっても、いい結果につながったから評価しようってことだべか。納得できる話だべさ。オラたちも最終的に魔王に勝てば、魔王のほどこしを受けてもいいんだべ! そうに決まってるべ!

闇の妖精はワガママボディ！
ダークエルフ

欧文表記：Dark Elf, Black Elf
別名：ドラウ・エルフ、ブラック・エルフ
出典：『Advanced Dungeons & Dragons』（1977年アメリカ）

現代創作が生んだ2種類の「黒いエルフ」

　デミヒューマンの代表格であるエルフは、一般的に白い肌を持つ種族である。一方でエルフのなかには、白ではなく黒色や紫色、褐色の肌を持つ者がおり、彼らは「ダークエルフ」と呼ばれている。ダークエルフの肌の色がエルフと違う理由は作品ごとに違い、おおまかに分けてふたつのパターンがある。

　より長い歴史を持つのは「黒や紫色の肌」のエルフである。その肌が黒いのは、彼らが悪に堕ちたエルフだからである。肌の黒いエルフという概念をファンタジー世界に初めて持ち込んだ『Dungeons & Dragons』では、彼らのようなエルフを「ドラウ」「ドラウ・エルフ」と呼んでいる。黒い肌と白い髪を持つドラウは、森ではなく地下世界に住む種族だ。弓と剣と呪文を巧みに使い、性格はずるがしこく高慢で、地獄に住む蜘蛛の女神をあがめて邪悪な陰謀を巡らせている。このイメージがほかの作品にも広まり、ダークエルフ＝悪というイメージが一般化した。

　褐色の肌を持つダークエルフは、ドラウ・エルフより新しく作られた種族である。この種のダークエルフは日本のファンタジー小説『ロードス島戦記』で登場した。肌の色が濃いのは「闇の精霊」との親和性が高いためで、このタイプのダークエルフは生まれながらにして悪というわけではない。本作に登場したピロテースというダークエルフの女性は、人間の騎士を愛するグラマラスな美女として描かれ、その魅力が日本のみならず世界にも影響を与えた。彼女の影響で、近年褐色肌のダークエルフ女性は、胸と尻が大きい姿で描かれることが多くなっている。

　ちなみに、『Dungeons & Dragons』は、1975年に初版が出版されたあと、版が変わるごとに内容を更新して出版され続けているが、その改訂のたび、ドラウ・エルフの肌色は黒 ➡ 紫 ➡ 黒といった具合に色を変えている。これは、『D&D』が作られたアメリカが黒人差別に敏感なお国柄であり、"肌が黒い＝悪"という設定が差別を助長しないよう、ドラウの肌の色の設定を変えようと試みたものだと思われる。

はぁ、邪悪な黒エルフなんて誰も得しないもの、なんでできたですかね。なんだか136ページに説明があるらしいのです。納得いかないのでちょっと読んでやるですかね……ぶー。

キミはエルフか、それともヒトか

ハーフエルフ

欧文表記：Half-Elf　出典：北欧神話、『指輪物語』、『ドラゴンランス戦記』（著：マーガレット・ワイス ＆ トレイシー・ヒックマン 1984年アメリカ）

人間とエルフのあいだに生まれた子供

　多くのファンタジー作品において、人間とエルフは比較的近縁の種だと設定されており、両者のあいだで子供を作ることができる。生まれた子供は、エルフの特徴と人間の特徴を合わせ持っており、彼らのことを「ハーフエルフ」と呼ぶ。人間以外の種族とエルフのハーフが生まれることもあるが、単にハーフエルフといえば人間とエルフの子供を指すことが多い。

　ハーフエルフを人間と比較すると、彼らはやや尖った耳にアーモンド状の目という外見、鋭敏な感覚や夜目の利きやすさなどを受け継いでおり、人間よりも若干ながら優れた生物のように思える。だが多くの世界では、ハーフエルフはその優れた能力を自由に生かすことはできない。彼らは外見だけでなく、人生観や寿命などの面でも、エルフと人間の両方とかけはなれており、それゆえにどちらの社会でも異分子となってしまうのである。さらに彼らは自分を異分子として遠ざける社会のなかで生き続けなければいけないのだ。

ハーフエルフ文化の先駆者『ドラゴンランス』

　社会に受け入れられないハーフエルフというテーマを押し出して大ヒットしたのが、TRPG『Dungeons & Dragons』の背景世界を舞台にしたファンタジー小説『ドラゴンランス』シリーズである。

　主人公のタニスは、戦争に敗れたエルフの王女が、人間の戦士に強姦された結果生まれたハーフエルフだ。その生まれゆえにエルフの里で迫害された彼は、出奔して冒険者となった。タニスは自分の生まれを嫌うがために、純血のエルフには決して生えないヒゲをたくわえ、エルフ名の「タンサラス」で呼ばれることを嫌っているが、アーモンド型の瞳を持つためエルフの血筋を隠すことはできない。悩み続ける彼は、冒険の果てに自分の血筋を認め、最終的に幼なじみであるエルフの王女ローラナの愛を受け入れるのであった。

　タニスの苦悩と活躍はその後のファンタジー小説に大きな影響を与え、血筋からくる社会との乖離は、ハーフエルフを語るうえで重要なテーマとなった。

神話時代のハーフエルフ

　エルフが人間とのあいだに子供を作るという概念そのものは、実は神話の時代から存在していた。北欧神話には、神に近い性質を持つ精霊「アールヴ」（エルフの北欧読み）が登場している。北欧神話に登場する英雄のなかには、エルフの血を引いていたり、妖精が自分の子供を人間の子供と取り替える「取り替え子（チェンジリング）」により、妖精（エルフ）に育てられた者が少なくないのだ。

　こうした生まれの子供は、人間の枠を越えた能力を発揮する者が多い。北欧の英雄物語『フロールヴ・クラキのサガ』に登場するスクルドという女性は、デンマーク王ヘルギがアールヴの女性を強姦して生ませた子供である。邪悪な魔女である彼女は、実兄である今代デンマーク王フロールヴ・クラキ王を殺すために大軍団を差し向ける。そして、彼らが戦死するたびに魔術で蘇らせ、英雄ぞろいの王の軍勢を物量で圧倒。兄を殺して王国を奪ったという。

　12世紀までのスウェーデン王家の歴史書である『ヘイムスリングラ』には、ノルウェー南西部にあるブーヒュースレーン地方を統治するアルフ王の一族はエルフの血を引いており、ほかの人々よりも際だって美しかったという記述が残っている。

「中つ国」世界の半エルフ

　トールキンの『指輪物語』では、ハーフエルフという言葉に、ほかのファンタジー作品とは違った特別な意味がある。

　この世界では、エルフは神に近い不死の命を持つ種族であり、人間は「変化するために死す」定めを与えられた短命な種族である。そのため、わずかな寿命を生きるがゆえに、エルフから見れば野蛮で粗雑に見える人間と、優雅なエルフが結ばれて子をなすことなどありえないとされていた。数少ない例外は、エルフと人間の王族の血筋を引くハーフである。彼らは混血児という侮蔑的な意味ではなく、エルフと人間のふたつの宿命をあわせもつ者だとして「半エルフ」と呼ばれたのだ。

　『指輪物語』の作中で半エルフといえば、冥王サウロンから逃れたエルフたちの避難所「裂け谷」の領主であるエルロンドの二つ名である。エルロンドは人間の「移ろいゆく短命な人生」と、エルフの「変わることのない不老不死の人生」のどちらかを選ぶよう求められた結果、エルフの人生を生かして、世界を悪意に侵す冥王モルゴスやその部下サウロンと戦うことを選んだのである。

　エルロンドはエルフだけでなく『指輪物語』の主人公のひとりである人間族アラゴルンをかくまったり、物語のキーアイテムである「ひとつの指輪」を破壊するための、種族の垣根を越えた合同チーム「指輪の仲間」を結成する仲介役をつとめるなど、物語のなかで重要な役割を果たしている。

よく勘違いされますけど、エルフの特徴は「アーモンド状の目」じゃなくてアーモンド状の「瞳」なのです。目が細いとかお目々ぱっちりとかは関係ないのです、人間ならまん丸なはずの「瞳」の形が違うのですよ。

エルフ以外のハーフ種族

エルフ以外の種族だって、人間とハーフをつくるのですよ？ なんだかエルフばっかりハーフをつくってるみたいに見えるので、ひとこと言っておくのです。

○ハーフオーク

　オークと人間のあいだに生まれた子供であるハーフオークは、純血のオークほどではないが、たくましい体格と筋力を備えている。『Dungeons & Dragons』では、ハーフオークは人間の社会でもオークの社会でも生まれるが、どちらの世界でもハーフエルフ以上に差別の対象となってしまう。

　人間の世界では、オークの邪悪さと残虐性が有名であるがゆえに、ハーフオークはモンスター同然の扱いを受けてしまう。ハーフオークを隣人として受け入れるのは、その優れた筋力を必要としている者か、そのハーフオーク個人の精神性が邪悪でないことを深く理解している者だけだ。

　オークの社会では、「ひ弱で退廃的な」人間の血が混じったハーフオークは侮辱と虐待の対象となる。しかも彼らはその行為を「強くするためだ」と正当化し、ハーフオークが部族の命令に盲目的に従うことを求めている。

○ハーフフィーンド

　フィーンドとはいわゆる「悪魔」のことである。彼らは人間とはあきらかに違う、黒い鱗、角、コウモリの翼、牙や光る目などの特徴をいくつか持って生まれてくる。悪魔と人間やデミヒューマンののハーフであるハーフフィーンドは、たいていの場合邪悪な性質を持って生まれてくるが、ごくまれに悪魔ではないほうの親に育てられ、邪悪ではない性格になる者もいる。

○ハーフオーガ

　ハーフオーガは、オーガと人間の中間くらいの筋力や体格を持ち、オーガほどではないが人間よりは愚かな存在である。複数のオーガが部族や集落を作る世界では、そのオーガの人間に対する姿勢がそのままハーフオーガの評価につながる。人間と敵対する部族ではひ弱な軟弱者として差別され、人間と友好的な部族では、一族の知恵者として尊重されることがあるのだ。

あー、なんだか悪い子ばっかだべな〜。これさ見てると、ハーフっ子って肩身がせめえんだってよくわかるべ……ん、じゃあ、それでも良い子がいっぱいいるハーフエルフって凄えんでねえか？

邪悪で醜い、いたずらゴブリン

ゴブリン

欧文表記：Goblin　別名：オーク
出典：『ホビットの冒険』（著：J.R.R.トールキン　1937年イギリス）

小柄で弱いが数が多い種族

　ファンタジー世界の悪役として名高いゴブリンは、人間よりも小柄な体格と、人間をはるかに上回る悪意をあわせ持つ、邪悪なデミヒューマンである。

　ゴブリンの外見は非常に醜く、不潔で、人間から奪ったぼろぼろの武器や衣服を身につけている。体格は人間よりもひとまわり小柄で、武装した健康な成人男性が1対1で戦えば勝利できる程度の戦闘能力しかもっていない。

　それゆえゴブリンは多くのファンタジー作品において、しばしば未熟な主人公たちが最初に立ち向かう障害として選ばれ、ファンタジー世界において「最弱の敵」とみなされることも少なくない。だが、だからといってゴブリンをあなどることはできない。ゴブリンの最大の武器は、爆発的な繁殖力である。多くの世界においてゴブリンはきわめて多産であり、食料さえあればわずかな期間ですさまじい個体数に増殖するのだ。1対1なら勝てる相手であっても、四方八方から囲まれてしまっては勝ち目はない。こうしてゴブリンたちは、人間たちを圧倒する数で集落に襲いかかり、片っ端から人間を殺し、食料や家畜を奪い去っていくのである。

ゴブリンのさまざまな亜種

　物語の主人公になるような熟練の戦士、魔法使いにとって、ゴブリンが脅威にならないことは事実である。しかし、だからといってゴブリンという種族全体をあなどるのは得策ではない。ゴブリンの社会のなかからは、通常のゴブリンとはまったく異なる強さを持つ、亜種が出現することがあるからだ。

　もっともよく見られるのは、ホブゴブリンという亜種である。人間と同等またはそれより大柄なゴブリンだが、その設定は作品ごとに違い、ゴブリンのなかから突然生まれてくるとも、ゴブリンと近縁の別種族だとする作品もある。力が強く、駆け出しの兵隊程度なら圧倒できるほどの強さを持っている。

　ゴブリンのなかでも頭がよい者、才能に恵まれた者は、なんらかの方法で魔法の技術を身につけることがある。このような者はゴブリン・シャーマンと呼ばれることが多い。ただのゴブリンの群れだとあなどっていたら、ゴブリン・シャーマンが周囲を暗闇

で覆う魔法を使い、夜目の利くゴブリンに蹂躙されるなどというのは、ゴブリンをあなどった者たちがたどる運命としてよく見られる光景である。

　ゴブリンのなかでも特に才能に恵まれ、知識と経験を得た者は、「ゴブリン・チャンピオン」や「ゴブリン・ロード」と呼ばれることがある。彼らは人間の英雄なみの戦闘能力を身につけていたり、強大な統率力で複数のゴブリンの集落をまとめあげて、人間社会に対する危険な敵対者となるのだ。

トールキン世界ではゴブリン=オーク

　ヨーロッパにおいてゴブリンとは、醜く邪悪な小鬼型の妖精を指す一般名詞だった。彼らは地下や岩の裂け目、古い木の根元などに住み、魔法の力で人間に悪さを働く。語源は不明だが、「悪霊」を指すギリシャ語「コバロイ」から派生した名前だという説がある。一方でホブゴブリンは、特定の家に住みついて、ミルクやお菓子を与えると、家を守ったり仕事を手伝ってくれる親切な妖精である。

アメリカのイラストレーター、ジェシー・ウィロックが描いた、童話『王子様とゴブリン』の挿絵より。1920年の作品。

　これを邪悪な性質を持つデミヒューマンの種族と設定したのは、近代ファンタジーの父、J.R.R.トールキンである。彼は小説『ホビットの冒険』において、世界の支配をもくろむ冥王サウロンに従う種族に「ゴブリン」という名前をつけたのだ。作中には「ホブゴブリン」も、大型のゴブリンとして紹介されている。

　実はこのゴブリンという種族名は、『ホビットの冒険』で使われた一方で、その続編である『指輪物語』では使われていない。『指輪物語』では、ゴブリンに相当する種族の名前に、110ページで紹介する「オーク」が使われているのだ。つまりもともとトールキンの想定では、ゴブリンとオークは同じ種族だったのである。

　トールキンの世界をおおいに意識してデザインされたRPG『Dungeons & Dragons』では、あえてゴブリンとオークを別の種族として設定。その後のゴブリンを『ホビットの冒険』で描かれたものよりも弱い種族として表現し、これを後発のファンタジー作品が踏襲した結果、現在われわれがよく知るゴブリン像が生まれたのだ。

　だが『ホビットの冒険』におけるゴブリンの描写が、ゴブリンの設定から消えたわけではない。この作品中でゴブリン（オーク）は「ワーグ」という大型の狼のような獣の背中にまたがって戦う様子が描かれているが、『Dungeons & Dragons』では、ワーグはオークよりむしろゴブリンの乗り物として登場することが多くなっている。単体では弱いゴブリンだが、狼よりもかなり賢くて強大なワーグとのコンビネーションは強力で、人間たちの脅威となっている。

妖精のほうのゴブリンは、ときどき市場を開いて不思議なものを売っているのだが……よいか、うまそうな果物を見つけても食べるなよ？　そのなかには口にしただけで死ぬ「死の果実」が混じっているからな！

中国のデミヒューマンたち

 デミヒューマンの伝承は世界中どこにでもある。今回もヨーロッパ以外の地域からデミヒューマンを集めているが……中国だけは外させてもらった。数が多すぎるのだよ。

中国は50を超えるデミヒューマンの伝承を持つ、亜人種の宝庫である。その多くは『山海経(せんがいきょう)』と『准南子(えなんじ)』という文献に集中している。

『山海経』は、紀元前4世紀から3世紀ごろにかけて成立した、と考えられている中国最古の地理書で、その地に住む生物として、実在する生物に混じって、数々の奇妙な生物が収録されていることで有名である。

『准南子』は、紀元前1世紀ごろに成立した古代中国の思想書だが、その4巻「地形訓」に「海外三十六国」という節がある。これは中国の周囲にあるという想像上の国を36国紹介し、それぞれの国にどんな人々が住んでいるのかを紹介したものである。「海外三十六国」の人種の特徴は荒唐無稽で、頭が3つある、体が左右の半分しかない、内蔵がない、骨がないなと、とても同じ人間だとは思えない。西洋の旅行記(→p94)と同様に、未開の地には奇妙な亜人種がいるという想像は、世界中の誰もが抱くものだったのだろう。

形天(けいてん)。一度は戦いに敗れ首を落とされたが、胴体に目口を生じさせ、なお戦ったという。プレミュアエ→p86 との共通性が見られる。

貫匈人(かんきょうじん)。胸に大きな穴が空いており、そこに棒を通し、ふたりに担がせて移動するという。

女媧(じょか)。創造の女神であり、人の首または上半身を持つという、蛇の身体。

 ブモブモー! なぜ中国だけ避けるのか、謀略のニオイを感じるべ! ……ひらめいた! きっと中国に、魔王も太刀打ちできないようなすごいデミヒューマンがいるにちがいないべ!

 うーむ、そういうわけではないのだが……。
このあと「萌える! 中国妖怪事典」という本が出ると聞いている。中国のデミヒューマンは、そちらを参考にスカウトしてみてはどうだ?

豚さん頭はどこから来たの？

オーク

欧文表記：Orc
出典：『指輪物語』（著：J.R.R.トールキン　1957年イギリス）

淫らで獰猛な戦闘種族

　現代のファンタジー作品において「オーク」というデミヒューマンは、豚のような頭部、あるいはイノシシのように下あごから上向きの牙を生やした獰猛な種族として描かれることが多い。彼らは下劣な品性と残虐性をあわせ持つ戦闘種族であり、短命であるかわりに旺盛な繁殖能力を持っている。彼らは爆発的に増えた一族の食べ物をもとめて人里を襲う。また、捕らえた女性を性的に陵辱して繁殖のための苗床として使うこともある。一部の作品では、オークが人間女性に産ませた子供のことをハーフオークと呼んでおり、ハーフエルフ（→p102）と同様に人間社会でもオーク社会でも差別の対象となっていることが多い。

　本来オークという種族は、トールキンが『指輪物語』のなかで生み出したオリジナルの種族である。「樫の木」を意味するオーク（Oak）と発音が似ているが、綴りと由来は樫の木とは関係がない。トールキンが研究の題材としていた古代イギリスの英雄物語『ベーオウルフ』に登場した、悪の巨人グレンデルの種族名「オーク＝ナス」からとったものであること、また、オークには古い英語で「悪魔」の意味があることからこの名が選ばれたというのが定説である。

　『指輪物語』におけるオークは、悪の首領である冥王モルゴスが、エルフを捕らえて拷問を繰り返し、堕落させ奴隷化した種族だとされている。乾いた灰色の肌、鋭いかぎ爪を生やし、光を嫌うなど、およそ元エルフは思えない外見である。だが一方で、『指輪物語』のオークは、現在のように豚の頭を持つ姿ではない。

　オークを豚のような頭で描くようになったのは、TRPG『Dungeons & Dragons』が初めてだといわれている。オークという名前が英語の「ポーク（豚肉）」を連想させることから作られた外見だったが、キリスト教では豚を「どん欲で愚鈍な邪悪の存在」と見なしており、悪の種族が豚の外見で描かれることは自然だった。そのためこの姿も定着し、オークは2種類の姿で描かれるようになったのである。

『指輪物語』の世界では、オークとエルフは宿敵どうしなのです。まあ、あんなふうに作られた種族じゃ嫌悪感も湧くのです……あれ、でもエルフってドワーフとも仲悪い……もしかしてエルフ、友達少ないですか!?

のんびりやさんで力持ち

エント

欧文表記:Ent　別名:トレント　出典:『指輪物語』

森を守護する樹木の巨人

　エントは『指輪物語』に登場する、動く樹木のような巨体の種族である。その身長は人間の3倍ほど。外見も生態も樹木に近く、地中に根を張って生きている。

　さながら樹木のように長い寿命を持っているため、彼らのライフサイクルはきわめてのんびりしたものになっている。エントたちには王がおらず、種族全体のことはエントどうしの会議で決めるのだが、人間から見れば急を要する事態であっても、議論は非常にゆっくりとした会話で行われ、結論を出すまでに何日もかける。なかにはのんびりしすぎて自我を失い普通の樹木同然になってしまったり、木こりに自分の体を切り倒されてしまうエントもいる。

　だが、ひとたび戦いを決意すれば、エントたちは恐るべき戦闘力を発揮する。彼らの体は目の詰まった木材のように硬く、剣はもちろん弓矢も毒も聞かない。そのためエントに立ち向かうには、重い斧を使うか、火を放つくらいしか有効な攻撃手段がないのである。巨体にふさわしく力も強く、硬い岩すらその腕で砕いてしまう。歩幅の広さゆえに動きも速く、人間やオークでは逃げることすらできない。

　『指輪物語』の世界において、エントたちはエルフ、ドワーフに次ぐ第3の種族として創造された。創造神のしもべとして世界を作った「ヴァラール」たちのひとりである"ヤヴァンナ"という女性は、第2の種族であるドワーフたちが、燃料にするために樹木を切り倒すであろうことを知って悲しんだ。そこで彼女は創造神に申し出て、樹木の守護者とするべくエントを創造したのである。エントたちは森のなかを歩き回りながら、普通の樹木や、エントではないが言葉を話し歩くことのできる樹木「フオルン」たちの世話をしているのである。

　だが『指輪物語』の世界では、エントたちの個体数は減る一方となっている。なぜなら彼らは女性のエントである「エント女」と仲違いして永遠に離ればなれになってしまったため、新しい子孫を残すことができなくなっているからだ。

現在ではエントよりも「トレント」のほうが有名なのではないかな？　この名前は『Dungeons & Dragons』が、版権問題回避のために作った名前だが、いつのまにかこちらの名前のほうが広まってしまったようだ。

ファンタジーの亜人種

illustrated by 河内やまと

その血は何色？野菜色！

マンガブー

欧文表記：Mangaboo
出典：『オズと不思議な地下の国』（著：ライマン・フランク・ボーム　1908年アメリカ）

野菜の王国に住む植物人

　本書では、ケンタウロス（➡p30）やマーメイド（➡p60）のように、動物と人間をかけあわせたような姿のデミヒューマンを多数紹介してきた。だがこのマンガブーは彼らのような動物人間ではなく、体が野菜でできている「野菜人間」だ。

　マンガブーは、童話『オズの魔法使い』シリーズの第4巻、『オズと不思議な地下の国』で生み出された、新しい亜人種である。彼らの外見は、緑色の服を着た人間そのものなのだが、体の中には骨も内臓も血液もなく、薄切りにしたカブかジャガイモのようなものが詰まっているのみだ。そのためか全身を炎に焼かれたマンガブーの死体からは、野菜が焼けたときのような匂いがするという。緑色の衣類のように見えるものも、衣服ではなくマンガブーの「葉っぱ」のようなものであり、肌にぴったりとくっついていて、マンガブーの身体の大きさに合わせて自在に伸び縮みする。また、マンガブーの顔は非常に美しいが、人形のように表情がなく、きわめて冷酷な性格をしている。この冷酷さの原因は、彼らに「心臓がない」からだという。まさに文字どおり「血も涙もない」というところだろう。

　マンガブーたちは、引力が弱くなるほど深い場所にある地底世界に王国を築いており、巨大な宮殿を建てるなど、高度な技術と社会性を持っている。だが野菜人間だけあってその増え方はほかのデミヒューマンとは大きく異なる。彼らは「菜人園」という場所にあるマンガブーの木に、果実のように実って生まれてくるのだ。つぼみが花になり、さらに時間が経つと、果実が実るべき所にマンガブーの赤ん坊が実り、時間とともに子供、大人へと成長していくのだ。ただし木に"実っている"ときのマンガブーにはまだ意識がない。彼らは「他人の手で摘み取られる」ことで、初めて生命が宿り、動き、考え、話すことができるようになる。

　マンガブーの平均寿命は5年である。死亡したマンガブーの遺体を菜人園に埋めると原木が生え、死んだ者と似た姿のマンガブーが実るようになるという。

動いてるマンガブーから芽が出ちまったらピンチだべ！　植物に戻っちまう先触れだから、すぐに地面に埋めねえといけねえだ。そうしないと……どうなるかはわがんねけど、枯れちまうかもしんねえべ。

地下の臆病ないたずら者
コボルト

欧文表記：Kobold　別名：コボルド　出典：ドイツの民話伝承

妖精から亜人へ劇的大変身

　現代のファンタジー作品において、コボルトは"犬のような頭部"に、低い知性と小柄な体を持ち、二足歩行し道具を扱う種族として描かれることが多い。駆け出しの剣士が戦うような"やられ役"の種族として多くのファンタジー世界に登場するこのデミヒューマンは、もともとは犬のような頭部を持っていなかった。

　コボルトがファンタジー世界に住む種族として初めて世間に登場したのは、『Dungeons & Dragons』でのことである。この作品においてコボルトの外見は、「ゴブリンに似た悪の生物」と説明されており、犬に近い要素は見られない。だが『Dungeons & Dragons』は金属製のフィギュアをコマとして使って遊ぶゲームであり、コボルトのコマは「犬に似た頭部の小人」として作られた。その数年後に出版されたモンスターのデータ集には「全身に鱗があり、角が生えた犬のような形の頭部を持つ」コボルトの絵が掲載されたが、文字の説明では「角についての説明」はあるものの「犬頭についての説明」はない。つまりコボルトの犬顔イメージは、フィギュアやイラストなどのビジュアル面が主導で、後から作られた設定なのだ。のちにコボルトの特徴のうち角や鱗の要素は忘れられ、全身に毛の生えた犬顔の小人という、現在のイメージが確立するに至ったのである。

　『D&D』のコボルトの元になったのは、ドイツの妖精「コボルト」である。コボルトはドイツのあちこちに存在する邪悪な妖精の一般名称で、英語に訳すと「ゴブリン」になるという。ドイツのコボルトはヨーロッパの性悪妖精がよく行うような悪事を働くが、特に重要なのが鉱山での悪事である。コボルトは銅の鉱山で鉱脈に魔法をかけ、一部の金属を使い物にならない金属に変えてしまうと信じられていたのだ。実はこの「使い物にならない金属」とは、銅鉱山でよく発掘される「コバルト」である。この名前はもちろんコボルトからとられたものだ。なお現代では、コバルトは、鉄に混ぜることで飛躍的に鉄の硬度を増すなど、産業上重要な金属となっている。

『Dungeons & Dragons』では、西暦 2000 年の改訂で、コボルトの「鱗と角」の要素を強調する設定変更がなされた。以降のコボルトは、犬頭ではなく、二足歩行のトカゲのような亜人に変わっているのだ。

アブナイ魚人系デミヒューマン

サハギン

欧文表記:Sahuagin　別名:サフアグン、半魚人
出典:『Monster Manual』(1975年アメリカ)

凶暴でやっかいな半魚人たち

　ファンタジー世界の海辺や水辺には、人間のような直立二足歩行の骨格に、魚のような鱗を備えた「半魚人（➡p64）」系の種族が数多く棲息している。類似の種族のなかで特に有名なのが「サハギン」と呼ばれるデミヒューマンである。

　ゲーム『Dungeons & Dragons』の最新版の日本語訳書では、サハギンは「サフアグン」という表記で登場する。サフアグンの体格は身長180cm、体重90kg程度で、ほぼ大柄な人間と似たようなサイズである。一般的なサハギンと同様に全身が緑色の鱗におおわれ、トカゲの頭部に似た形の頭には、ぎょろりとした黒くて大きな目と、たくさんのトゲが生えた口がついている。手足の指と指のあいだには水かきがあり、長い尻尾が生えている。これらの特徴は、多くのファンタジー作品に登場するサハギンとおおむね同じものとなっている。

　サフアグンたちは残忍で、相手か自分が死ぬまで戦いをやめようとはせず、さらに血の臭いをかぐと狂乱状態となり、凶暴化して手がつけられなくなる。こう書くと知能の低い野蛮な種族に感じるが、『D&D』のサフアグンはむしろ人間よりも賢い。ただしその賢さは邪悪なたくらみに利用されることが多いのがやっかいだ。これらの特徴があいまって、サフアグンたちは「海の悪魔」の異名で恐れられている。

　全身を鱗に包んだ半魚人のような存在は古くから世界各地の伝承に登場していたが、これが"Sahuagin"という名前で紹介されたのは、1975年に出版された『Dungeons & Dragons』の追加ルールでのことである。初期の"Sahuagin"は、全身の鱗はあるものの尻尾を持っていなかったが、版を重ねるにつれて外見が変化し、現在の姿に定まっていった。なお、日本で「サハギン」の表記が一般的なのは、『Dungeons & Dragons』の草創期にサハギンと訳され、これがファンタジーを題材とするゲーム、小説などに引用されたことが原因である。最新版の訳であるサフアグンは、より英語の発音に近い読み方だ。

サハギンもそうだべが、水ん中で動く種族は三つ叉の槍を武器にすることが多いみたいだべ。剣？　斧？　いやいや、水中だと水が重てえもんだから、突き刺す武器でねえと使いもんになんねえべよ。

ファンタジーの亜人種

自由が大好き！　だってネコだもの！
ケット・シー

欧文表記：Cait Sith　別名：キャットフォーク
出典：アイルランドの民話

猫＋人のデミヒューマン

　ファンタジー世界には、愛らしい猫耳や猫の尻尾を生やしたデミヒューマンが登場することがある。その種族名は多彩で、よく見られるのは「ケット・シー」「キャットフォーク」などだが、作品独自の名前がつけられていることも多い。

　なお、猫耳、猫尻尾とはいっても、彼らの外見は作品によって大きく違う。

　より古いパターンは、普通の猫が直立二足歩行したような外見で、全身が体毛に覆われ、猫同様の頭身であることが多い。このタイプの猫人間は、イギリス北部のスコットランドに伝わる妖精「ケット・シー」の伝承が元になったものである。妖精ケット・シーは、ただの猫のふりをしているが二足歩行できる存在で、普段は人間の社会のなかで暮らしながら、裏では自分たちの王を決めコミュニティを持つという社会性を持っている。また人間の言葉を使うことも可能である。

　もうひとつのパターンは、人間の骨格に猫の耳や猫の尻尾を持つパターンである。顔は耳や瞳を除いて人間そのものである場合も、人間と猫の中間である場合もある。このタイプの猫人間がファンタジー界に取り込まれたのは比較的最近で、多くのファンタジー種族を作品内に取り込んできた『Dungeons & Dragons』でも、2003年にはじめて「キャットフォーク」の名前で採用された。

　だが、通常の人間の頭に猫の耳が生えるというキャラクターの描き方は、もっと昔から存在していた。日本では1978年、大島弓子の漫画『綿の国星』で、「自分が人間だと思っている猫」を、頭から猫の耳が生えた人少女の姿で描いた。アメリカでは、1968年のSFドラマ『スタートレック』で、黒猫の姿の異星生命体が人間の姿に変身すると、頭から猫の耳が生えた人間の姿になった例がある。

　これらの作品のあと、人間の頭に猫の耳を生やして描くという表現方法は広く受け入れられるようになっており、これがキャットフォークのような人間＋猫耳と猫尻尾という姿のデミヒューマンのヒントになったことは想像に難くない。

『Dungeons & Dragons』のキャットフォークは、弓を持って草原を走り回る身軽な狩人だべ。身軽だから体も薄くて（じー）……よし、勝ったべ！さすがに猫っ子に乳で負けたらミノっ子の面目が立たねもんなあ。

鱗なアノ子は左利き

リザードマン

欧文表記：Lizardman　別名：リザードフォーク、レフトリアン
出典：中世ヨーロッパの伝承？『Greyhawk』（D&D追加ルールブック　1975年）？

誇り高き湿地の戦士たち

　リザードマンは、トカゲに似た姿と、人間のような直立二足歩行に適した骨格を持つデミヒューマンである。数多くのファンタジー作品に登場し、原始的な部族社会を持つ狩猟民族として描かれることが多い。彼らはほとんどの創作作品で"左利き"の種族として描かれ、武器や防具を使いこなし、人間とは異なる原始的な言葉で会話する。ただし人間並みに知能の高い種族として描かれる場合もあり、その場合は無口で奥ゆかしい武人のような性格付けがなされることが多い。硬い鱗と優れた身体能力は、彼らに戦士としての適性を与えているが、元となったトカゲが変温動物であるためか、気温の急激な変化が苦手だとされることが多い。

　世界のドラゴンにくわしい笹間良彦によれば、中世のヨーロッパには「罰や呪いを受けた人間が、二足歩行または四足歩行のトカゲになる」という伝承が複数あったというが、これがファンタジーのリザードマンの原形かどうかは定かでない。現代ファンタジーにおけるリザードマンは、その多くが『Dungeons & Dragons』のリザードマンから派生したものだと思われる。『Dungeons & Dragons』で初めてリザードマンが登場したのは1975年であり、人肉を食らう知的種族と設定されていた。なお、リザードマンが左利きの種族になった理由も、この『Dungeons & Dragons』にあると思われる。1977年出版の追加ルールブックに初めて掲載されたリザードマンの挿絵が、右手に盾、左手に長剣を持った姿で描かれたのである。解説文にはリザードマンが左利きだという記述はないのだが、この挿絵のイメージが元になったのか、その後の創作ではリザードマンは左利きの種族として描かれることが多くなった。

　なお、現在の『Dungeons & Dragons』では、人型種族を"○○マン"と呼ぶのは女性差別であるという意見に配慮し、あらゆるデミヒューマンの種族名に"○○マン"にかわり"○○フォーク"という表現を採用している。そのためリザードマンは「リザードフォーク」の名前でゲームに登場するようになった。

リザードマンの長い尻尾には、あまり知られていない使い方がある。この尻尾は彼らが歩くときに、空中に持ち上げてバランスをとる役目があるのだ。器用なものだな。

北の空は我らのもの！

マイルーン人

欧文表記：Myyrrhn　別名：マイルーン
出典：『エルリック・サーガ』

魔術世界の翼ある種族

　イギリスのファンタジー作家マイケル・ムアコックの小説『エルリック・サーガ』には、「マイルーン人」というデミヒューマンが登場する。この種族は人間とほぼ同じ外見をしているが、背中に鳥のような翼が生えていて、空を飛ぶことができる。

　作中の描写によれば、マイルーン人の肌は青白いまでに白く、目は灰緑色、髪は赤や金色の者が多い。顔つきは男女で大きく異なり、男性の顔は鷹のようにけわしく、女性の顔はきわだって美しいという。他国の人々は「マイルーンは卵を産む」というがこれは偏見で、実際には人間と同じように子供を産む。

　マイルーン人は、世界の北西にある寒冷な山岳地帯に住んでいる。そのため寒さにとても強く、それゆえに服装は薄着である。マイルーンの戦士は好んで長槍を使い、空中から襲いかかる彼らは諸国の人々に恐れられていた。

　エルリック・サーガの世界では、マイルーン人は恐らく世界最古の知的種族であると考えられている。さらにその先祖をたどると、クラカーと呼ばれるどう猛な"有翼の"猿に行き着くという。この世界には翼の生えた猿までいるのである。

　マイルーン人をはじめとして、ファンタジーの世界には有翼の種族が多い。その外見の原形となったのは、おそらくキリスト教の「天使」だろう。だが、キリスト教の前身であるユダヤ教の宗教画などでは、天使には翼がない。のちに天使に翼が生えたのは、ギリシャ神話など紀元前から存在した古代の神話によるところが大きい。これらの神話では、神の使いが翼の生えた人間の姿で描かれることが多いのだ。古代の人々にとって、空中を高速で飛ぶ鳥類は「速さ」のシンボルだったので、御使いの背中に翼を生やすことで、神々の意志がただちに伝えられることを表現したのだ。

　また、欧米人による南米のジャングル探検以降、手が翼に変化したオオコウモリのイメージも大衆文化に取り入れられ、これがもとになって「有翼人種が人間をつかんで飛び去る」という場面がよく描かれるようになっている。

日本でもっとも有翼人に注目したファンタジー作品といえば、日本ファルコムの『イース』シリーズだろうかな。このシリーズでは、かつて「有翼人の古代文明」が存在したことが、物語の鍵となっているのだ。

人間五十年じゃ物足りない！
リッチ

欧文表記：Lych　別名：リッチー、ノーライフキング
出典：「魔術師の帝国」（著：C.A. スミス　1932年アメリカ）

魔術に生命を捧げた永遠の求道者

　現代の学問がそうであるのと同じように、魔術の研究も人間の一生程度では完成させることができない深遠なテーマである。剣と魔法のファンタジー世界に生きる魔術師たちのなかには、寿命にとらわれずに魔術の研究を行うため、自分の肉体を不死の力で「アンデッド・クリーチャー」に作り替え、永遠に研究を続けようとする者があらわれた。彼らのような存在を「リッチ」と呼んでいる。

　リッチとは古い英語で「人間の死体」を意味する単語だが、現代ではほとんど使われていない。この単語は「剣と魔法の世界」を舞台にした1932年アメリカの小説『魔術師の帝国』で不死者の魔術師の呼び名として使われ、以来一般化した。

　リッチの外見は、皮と骨だけ、あるいは骨だけが残った人間の体をローブが包み、それを不自然なほど豪華絢爛な装身具、装備品が飾っている。これらの装身具と装備はリッチの魔術を増幅し、身を守るためのものである。まれに魔術師ではなく国王がリッチになることがあり、その場合は装飾品の方向性も変わってくる。

　なお一般的なファンタジー作品において、リッチはアンデッドのなかできわめて上位の存在と位置づけられており、ほかのアンデッドを使役する力が備わっていることが多い。また、通常の人間を上回る高い知性を持っており、当然ながら高度な魔術をあやつることができるという。

　リッチの肉体の最大の特徴は、その不死性にある。例えば『Dungeons & Dragons』のリッチは、肉体をいくら武器で傷つけられても、たとえ炎で灰になるまで焼かれたとしても、その肉体は数日で再生して活動を再開する。これはリッチが自分の体をアンデッドに作り替えるとき、魂と魔力を「フィラクタリー」と呼ばれる特別な箱のなかに封じ込めてあるからだ。リッチと敵対する者は、まずリッチの肉体を一度滅ぼしたうえで、到達困難な場所に隠されているであろうフィラクタリーを探し出し、リッチが復活する前に破壊しなければならないのだ。

『D&D』では、知恵がある種族ならエルフもドワーフもリッチになる。特にドラゴンのリッチ「ドラコリッチ」は、恐竜の骨格標本のような外見だが、強靭な肉体と高度な魔法を使いこなす危険なモンスターだ。

illustrated by 大山ひろ太

人造生命ホムンクルス

最後にこの者を紹介しておこう。正直を言うと「デミヒューマン」という感じではないのだが……下手に避けて、109ページのように陰謀呼ばわりされてはかなわんからな。

ホムンクルスとは、16世紀のドイツで活躍した高名な錬金術師パラケルススが作り出すことに成功したという、錬金術によって作られた人工生命体である。パラケルススの技法によって作られた生命体は、生まれながらにして優れた知恵や魔術を身に付けているという。

パラケルススの著書とされている書籍『ものの本性について』によれば、ホムンクルスは以下のような手順で作られるという。ただし、パラケルススの死後には、ホムンクルスの製造に成功した者は誰もいないとされている。

「人間の精液を、40日間の間、蒸留器に密閉せよ。精液が生きて動き始めるまで腐敗せしめよ。見れば直ちにわかることである。この期間を過ぎると、人の形をした、だが透明でほとんど非物質的なものの形があらわれるであろう。しかるのち、この生まれたばかりのものを、毎日、人間の血で慎重かつ細心に養い、かつ、馬の胎内と同じ温度のままで40週間保存すれば、それはほんものの生きた子供となる。女から生まれた子供と同じく五体健全で、ただずっと小さいだけである」

実際にこの制作方法に従っても蒸留器の中に生命が生まれるわけがなく、ひどい有様となるだけだ。だがこの「人工的に生命体を創り出す」という試みは、世界に大きな衝撃と影響を与え、その後は錬金術をテーマにする作品において、非常に高い割合でホムンクルスが登場するようになった。

さて、ホムンクルスをこの本で「デミヒューマン」として紹介していないのはなぜか。それは、ホムンクルスは多くの作品において「製造方法によって特徴がまったく異なる」存在であるうえ、基本的に「自分の力で繁殖できない」からである。これでは「生命体」ではあっても「種族」と呼ぶのは無理がある。そのため本書では、ホムンクルスについてはこのコラムで紹介するのみに留めた。

目指せ！多種族混成部隊！
おハツさんのレジスタンス人事部

よっし、世界にどんな「でみひゅーまん」がいるのか、だいたいわかったべな。
強そうなのも賢そうなのもいて頼もしいべさ！
さっそく仲間あつめに取りかかんなきゃなんね。
ふっこちゃん、スカウトに出発すべよ。

おハツさん、どんなデミヒューマンをレジスタンスに呼ぶですか？
魔王に勝つための仲間だから、ちゃんと選ばないとだめなのです。

そりゃおめ、世界中ぜんぶの種族から志願者を集めるだ！
魔王のせいで寂しい思いをしてる種族はいっぺえいるはずだべ。
みんなの怒りを集めて魔王を倒さねばなんね！

複数の種族をまとめるのは苦労が多いと思うが……まあ、私と戦うためのレジスタンスに、私がダメ出しするのも筋が違うか。
フォローはするから思う存分にやってみるといいぞ。

スカウトは慎重に!
ワケあり亜人種採用の手引き

ところでハツ、ひとつ聞きたいことがあるのだがな。デミヒューマンとひとくちに言っても、どんな種族をレジスタンスに加えるつもりなのだ。私のようなダークエルフ、お前のようなミノタウロスなどいろいろいるだろう。

やっぱできるだけ強い種族が仲間になってくれたら頼もしいべな。ワーウルフとか強そうでええんでねえか？ ……あとはダークエルフの魔王と戦うんだから、同じダークエルフの仲間も欲しいべな。

めちゃめちゃやりにくい組み合わせ……。
おハツさん、先が見えてないのですね。
せめて数百年先までは考えておくべきだと思うのです。

え、ええっ？ 何かマズいべか!?

キケン! 種族どうしの仲に気をつけよ!!

　デミヒューマンのなかには、たがいの種族を宿敵と考えている組み合わせがあります。特に**エルフとダークエルフ**は、ダークエルフが**「エルフが悪に染まり、肌の色が変わった種族」**であるため、たがいを不倶戴天の敵だと考えています。

　また、**生活スタイルの違い**も種族どうしの反目の原因になります。**エルフとドワーフ**は仲が悪いことで有名ですが、これは森を愛するエルフと、鉱山採掘や鍛冶のために、燃料用に樹木を伐採したり、鉱山の汚れた水で河川の環境を汚染してしまうドワーフとの、生活スタイルの相性が悪いことが原因のひとつです。

ええっ!? エルフとダークエルフ、仲が悪いんだべか!?
魔王の部下に白いエルフいるでねえか。普通にお偉いさんと部下やってたのに……じゃあ、ダークエルフ入れたら、ふっこちゃんと喧嘩になるじゃねえべか……。

伝染病にも気をつけてよ！

　魔法的な病気によって、ただの人間がデミヒューマンと化してしまう場合もあります。ヴァンパイアは血を吸うことによって相手を同じヴァンパイアに変えてしまいますし、ファンタジー世界でよく見られる設定では、ワーウルフはその爪や牙で傷つけた相手に「ワーウルフになる病気」を伝染させることがあります。

　ワーウルフのように、人間が獣に変わってしまう病気のことを、ファンタジー世界では「ライカンスロゥピィ（獣化病）」と呼びます。

　ヴァンパイア化も獣化病も、意図的に感染させなければ伝染はしませんが、感情的な理由から、彼らがほかの種族とひとつ屋根の下に暮らすのは困難です。

ええっ、それはマズイべ！　疫病にかかったら殺処分になっちまうんだべ！
病気持ちのモンの仲間になろうなんて、そんなやついるわけないでねえか！

実際、ライカンスロゥピィはそう簡単に伝染する病気ではないのだがな……。
しかし、部下に引き入れる方法はあるぞ。例えばワーウルフのような「ライカンスロゥピィ」感染者だけの独立部隊を作るのも有効だ。

オラ、デミヒューマンのことな〜んにもわかってなかっただ。種族ひとつひとつを教わって、これで「でみひゅーまん」博士だって、いい気になってたべな。
こんなんじゃレジスタンスも魔王打倒も夢のまた夢でねえか……。

ま、まあ、この２組は特に扱いが難しいからな。なんでよりによってこれかと思ったが……とにかく落ち込む必要はないぞハツよ。肝心なのはトップに立つ者がきちんと準備をしておくことなのだ。どうすればいいか教えてやろう。

ううっ、魔王にほどこしを受けるなんて屈辱だ……。
でも背に腹は替えられね！　オラは敵からだって学ぶ女なんだ！

この章の目的！

　この章では、デミヒューマンのなかでも知名度が高く、特に説明することが多い**エルフ、ダークエルフ、ライカンスロープ**の３種族について、その種族が生まれた経緯を中心に解説します。

わたしたち
エルフとつきあうなら
知っててほしいです〜。

132ページからスタート！

ワケありデミヒューマン①
エルフ

　エルフは、ファンタジー作品などに登場するデミヒューマンの代表格ともいえるメジャーな種族です。このエルフという種族は、西洋の神話伝承から生まれ、20世紀以降に急速な発展、変化をとげて現在の姿になっています。エルフの誕生と変化の経緯を紹介します。

まずはおさらい！

「エルフ」ってどんな種族なの？

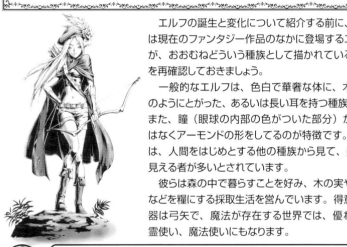

　エルフの誕生と変化について紹介する前に、まずは現在のファンタジー作品のなかに登場するエルフが、おおむねどういう種族として描かれているのかを再確認しておきましょう。

　一般的なエルフは、色白で華奢な体に、木の葉のようにとがった、あるいは長い耳を持つ種族です。また、瞳（眼球の内部の色がついた部分）が丸ではなくアーモンドの形をしてるのが特徴です。外見は、人間をはじめとする他の種族から見て、美しく見える者が多いとされています。

　彼らは森の中で暮らすことを好み、木の実や果実などを糧にする採取生活を営んでいます。得意な武器は弓矢で、魔法が存在する世界では、優れた精霊使い、魔法使いにもなります。

わたしも含めて、最近のエルフってずいぶん変わったものです。
昔のエルフって自由で、おごそかさがないですからね。
やっぱり種族がりっぱになるには長い時間が必要なんでしょう。

ありゃま。エルフって昔っからこんな感じじゃなかったんだべか？
キレイでのんびりしててカッコつけのイメージがあるだが。

ああ、エルフはデミヒューマンのなかでも特に長い歴史がある種族だからな。
神話時代のエルフの姿は、現在のすらりとしたエルフとはだいぶ違っていた。まずはエルフの歴史を最初からたどってみるとよかろう。

エルフとは「妖精」という意味

今ではわたしたち「エルフ」っていう名前の種族になったですけどね。昔は「エルフ」っていったら種族の名前じゃなかったそうですよ。エルフって名前は「妖精」っていう意味だったそうです。

かつてヨーロッパでは、エルフとは特定の種族を示す言葉ではありませんでした。

19世紀まで、「エルフ」は妖精全体を指す一般名詞でした。われわれ日本人が、河童や化け狐を「妖怪」と呼ぶのと同じ意味で、「エルフ」という呼び名が使われていたのです。

19世紀イギリスの画家、リチャード・ドイルが描いた小妖精。このような小さな妖精も「エルフ」と呼ばれていました。

世界の「エルフ」系妖精

エルフ

イギリスをはじめとする西欧各国では、エルフとは手のひらサイズのいたずら妖精を指す一般名詞です。背中に羽があるフェアリー系の妖精も、羽のない小人タイプのものも含まれます。

アールヴ

北欧神話に登場する下位の豊穣神。体格、外見ともに人間とよく似ており、ファンタジー作品のエルフ像のもとになりました。この名前が語形変化して生まれたのが「エルフ」という名前です。

北欧

イギリス

ドイツ

オベロン

イギリスの劇作家シェイクスピアのオペラ「真夏の夜の夢」の妖精王オベロンは、"エルフの王"を意味するドイツの小人妖精「アルベリヒ」の名前がフランスからイギリスへ渡って変化したものです。

アルプ

ドイツの小人型妖精。いたずら好きで、寝ている人間の胸の上に乗って悪夢を見せるという、夢魔のような性質を持っています。この名前は、エルフやアールヴと同じ語源を持つものです。

小人!? 手のひらサイズ!? いまのエルフとぜんぜん違うでねえか! ……いや、ふっこちゃんは子供だからちっちぇえのはしょうがねえべ。怒んな怒んな、そういう話じゃなくてな……なんでこれが、すらりとカッコイイデミヒューマンになっただ?

現代のエルフができるまで

それでは、ただの妖精だったエルフの、変化の様子を見てみようか。

現代のファンタジー作品に登場する典型的なエルフ像が、どのように生まれたのかを紹介します。

外見の変化

最初はただの妖精だった

民間伝承では、エルフには決まった外見はありませんでした。ただし多くの場合、手のひらサイズの小妖精が「エルフ」と呼ばれていました。

Start!

妖精という概念

エルフというデミヒューマンの源流は、ヨーロッパに伝わる幻想的な人型生物「妖精」にあります。

- **アールヴ（北欧）**
- **エルフ（イギリス）**
- **アルプ（ドイツ）**

『指輪物語』のエルフ

それまで雑多な妖精の総称だったエルフを、貴族的な威厳を持つ種族として再設定した作品です。

人間の完全上位種

『指輪物語』に登場するエルフは、半永久的な寿命のほか、筋力、知性、寿命など、あらゆる面で人間を上回る能力を持つ種族として描かれています。

現代のファンタジー作品のエルフに見られるような、華奢なイメージはまったくありません。

優れた能力と遅い成長

RPG『Dungeons & Dragons』の初版でのエルフは、ランダム判定で優れた能力を引き当てた者だけが選択できるエリート種族で、武器戦闘も魔法も使えるかわりに成長が遅いのが弱点です。そのほか、毒などで肉体が麻痺しないという特徴を持っていました。

『指輪物語』のエルフが持つ能力と、現代のエルフの能力に対する一般的なイメージのあいだには大きな違いがあります。

ファンタジー作品の登場前後から現代までの、
エルフの「外見の変化」に注目。変化の経緯を紹介します。

尖り耳とアーモンド状の目

『指輪物語』などで長身の美形種族となったエルフは、木の葉状に尖った耳と、アーモンド状の瞳を持つ種族として描かれるようになりました。

長耳は日本で一般化

『ロードス島戦記』で出渕裕が描いた長い耳が強烈な印象を残し、それまであまり見られなかった「長い耳」が、国内外で描かれるようになりました。

20世紀ファンタジーのエルフ

『指輪物語』の影響を受けて、さまざまなファンタジー作品にエルフが登場するようになります。

『ロードス島戦記』のエルフ

エルフとダークエルフが登場する、日本のファンタジー作品。

現代ファンタジーのエルフ像

華奢で打たれ弱い種族に

初期の『D&D』初版のエルフがあまりに強力だったため、『D&D』の後期のルールでは、エルフは「手先が器用なかわりに、HP（ヒットポイント）が低く打たれ弱い」種族になっています。これがほかのファンタジー作品のなかでも徐々に一般化していくことになります。

能力の変化

なるほどー、ただの妖精だったエルフが、やたらかっこよくなったのは、この『指輪物語』っちゅう作品のせいだべか。そういえば魔王が12ページで、『指輪物語』が大事だって言ってたべなあ。

ワケありデミヒューマン②
ダークエルフ

　ダークエルフは、ファンタジーの世界でエルフがデミヒューマンの代表格となったあとに、エルフの亜種として生み出されました。

　この種族は非常に複雑な経緯で作られ、多彩な姿に変化しました。そのプロセスを紹介します。

濃色の肌をもつエルフの亜種

　ダークエルフは、基本的な体格や耳の形などはエルフと同じですが、肌の色が異なります。エルフが色素の薄い白色系の肌であるのに対し、ダークエルフの肌の色は、黒、青、褐色など、暗色系の色になっています。

　現在のファンタジー作品でよく見られる、ダークエルフの外見以外の性質は、おおまかに以下の2種類に分けられます。

①邪悪に堕ちたダークエルフ

　このタイプのダークエルフは、エルフがなんらかの理由で邪悪に堕ち、その影響が体の色にまであらわれてしまった存在です。種族全体が邪悪な精神の持ち主であり、エルフにとっては不倶戴天の敵といえます。代表格は、『Dungeons & Dragons』の「ドラウ・エルフ」です。

②悪の性質をもたないダークエルフ

　このタイプのダークエルフの性質は、善良でも邪悪でもなく、普通の人間に近い善悪の精神性を持っています。また、貴族的で融通が利かないとされる通常のエルフとくらべて気さくで「話がわかる」存在だと設定されることがあり、善良な人間族やエルフと肩を並べることも可能です。

ダークエルフの原形「ドラウ・エルフ」ができるまで

　暗色系の色の肌を持つエルフとしてはじめて世間に登場したのは、1977年、RPG『Dungeons & Dragons』の追加ルールブックに登場した「ドラウ・エルフ」です。

　ドラウ・エルフはエルフの亜種であり、主人公たちの前に立ちふさがる悪の種族として、下図のような経緯で創造されました。その特徴は100ページで説明しています。

　ドラウ・エルフは物語の悪役として非常に人気があり、『Dungeons & Dragons』や、その背景世界を描く小説で、いまでも活躍を続けています。

ドラウ・エルフを形作った3つの原形

北欧のデックアールヴ
　エルフの原形である豊穣神「リョスアールヴ」と対になる「デックアールヴ」という種族がいます。

スコットランドの"Drow"
　Drowという名前は、スコットランドに伝わる悪い妖精の名前「drow」から借りたものです。

19世紀民話本の妖精
　『Dungeons & Dragons』のゲームデザイナーであるゲイリー・ガイギャックスは、ドラウ・エルフの原形は19世紀後半にまとめられた民話解説本であると説明しています。

『Dungeons & Dragons』のエルフ

宿敵たる亜種として

ドラウ・エルフ誕生

"悪しき黒エルフ"からの脱却

　ドラウ・エルフの登場と前後して、トールキンの遺稿『シルマリルの物語』が出版され、エルフには聖なる光をその目で目撃した「光のエルフ」と、目撃していない「暗闇のエルフ（ダークエルフ）」がいることが判明しました。『指輪物語』に登場した白い肌のエルフのほとんどは、この「暗闇のエルフ」に分類されることがわかりました。

　また、ドラウ・エルフを生み出した『Dungeons & Dragons』の世界でも、善良な精神を持つドラウという例外的キャラクター「ドリッズド」の物語が語られ、「ダークエルフ＝絶対悪」という構図に揺らぎが出てきます。

　そんななか、日本産のファンタジー作品『ロードス島戦記』で「肌の色は黒ではなく褐色」「種族自体は悪ではない」「人間と深い愛情を育むことができる」という新たなダークエルフ像が提示されました。これがダークエルフの新たな解釈として世界に広まり、ダークエルフは現在のように多様性を持つ種族になったのです。

ワケありデミヒューマン③
ライカンスロープ

　ライカンスロープとは、動物に変身する能力を持つデミヒューマンです。変身する動物の種類ごとにさまざまな種族のライカンスロープが登場しています。
　このページでは、ライカンスロープの源流と、そのバリエーションを紹介します。

ライカンスロープの起源「ワーウルフ」

　アタシはフェンリル、昔は勇者のお供でそこの魔王と戦ってたんだぜ！ウチらみたいのを「ライカンスロープ」って呼ぶんだ。

　ライカンスロープという言葉は、動物に変身する人型生物の総称として使われています。かつて「動物に変身する人間」といえば、ヨーロッパではほとんどが、狼に変身する人狼「ワーウルフ」でした。そのためすべてのライカンスロープの起源はワーウルフだと言うことができます。

　ワーウルフは、自分から望んで、また満月の光を浴びることで、狼そのものあるいは狼と人間の特徴をあわせもつ獣人形態に変身します。恐るべき身体能力と再生能力を持ち、致命的ダメージを与えるには銀の武器が必要です。

ライカンスロープの真の意味

　ちなみにライカンスロープとは、ギリシャ語の「リュカントロポス」を英語に訳したものだ。リュカンは「狼（リュコス）」、トロポスは「人間男性（アントロポス）」という意味だから、言語上の意味は"狼男"ということになる。残念ながら、この言葉が獣化人間の総称に使われているのは、間違った使い方だと言わざるをえないな。一応、ギリシャ語の「野生動物（セリオン）」を使った「セリアンスロープ」という言葉もあるのだが、こちらはあまり使われていないようだ。

ワーウルフの起源は、ヨーロッパのあちこちにあった「オオカミ人間」の伝承なんだ。ただこれが、キリスト教にやたらといじめられてよぉ……だいたいこんな流れで、いまのワーウルフになったんだよ。

ヨーロッパにおける人狼像の移り変わり

～11世紀 共存の時代

北欧のウールヴヘジン / ギリシャのリュカオン / スラヴの人狼

①欧州各地にいた人狼は、本来は善でも悪でもありませんでした。

↓

キリスト教による廃絶

12～13世紀 悪魔化の時代

キリスト教カトリック教会いわく……
獣人化は悪魔の所業！

②ヨーロッパに広まったキリスト教は、土着の神話や伝承に残る人狼現象を「悪魔の仕業」だと断じ、封じ込めを行います。

↓ エスカレート

魔女狩り、人狼狩り

14～17世紀 迫害の時代

③「魔女は狼に変身する」という噂が広まると、14世紀以降に活発化した魔女狩りの対象に人狼も含まれるようになります。

↓ 魔女狩りの衰退

※18世紀は人狼伝承が下火に

小説 ハルツ山の人狼（1839）

↓

映画 倫敦(ロンドン)の人狼（1935）

↓

映画 狼男の殺人（1941）

19世紀～ 文学・映像の時代

④近現代における最古の人狼作品は、1839年の小説「ハルツ山の人狼」だと考えられています。
その後は映画によって新しい人狼像が提示されました。『倫敦の人狼』では、「直立した狼人間への変身」「満月の光で変身」という特徴が追加され、『狼男の殺人』では、「人狼は銀の武器でしか傷つかず」、「傷つけた相手に獣化病（ライカンスロピィ）を伝染させる」ことになりました。本来の狼男伝説にはなかったこれらの特徴が、いまではワーウルフの標準的能力となっています。

↓

多彩なワーウルフ、ライカンスロープの誕生

ひゃあ!?　ワーウルフってキリスト教に狩られてたべか!?　オオカミっこやるのも楽じゃねえべや、こらずいぶんたいへんな目にあっただなあ。んで、アメリカでいろんな特徴があとからくっつけられて、いまみたいなワーウルフになっただな。

生まれつき？ 後天的？
ワーウルフの生まれかた

ところでフェンリルさんに質問があるです。
ワーウルフってどういうふうに増えるんです？
魔王は、131ページで「伝染病だ」って言ってるんですけど……。

　多くのファンタジー世界において、ライカンスロープはひとつの亜人種であり、通常の性交渉によって繁殖することができます。ですがライカンスロープが「人間が変化した存在」だと設定されている世界では、ライカンスロープは性行為だけではなく、人間を傷つけて「病気に冒す」ことでも同族を増やすことができます。

 ## かまれると人狼に!?　"ライカンスローピィ"の恐怖

　ファンタジー世界にワーウルフなどのライカンスロープが登場する場合、彼らはしばしば、一種の「伝染病」の保菌者であると設定されています。この伝染病のことを、獣化病「ライカンスローピィ」と呼びます。

　ワーウルフの爪や牙で攻撃を受けた者は、血液中に獣化病の病原体が混入し、自分も攻撃者と同じ種類のライカンスロープになってしまいます。多くの場合、完全にライカンスロープ化した人間を治療することは困難で、症状が本格化する前に適切な処置をする必要があります。

ライカンスローピィデータ

1: 感染源……他のライカンスロープ

　ライカンスロープの体に住む病原体から感染します。

2: 感染経路……血液感染

　被害者の血液中に病原体が流れ込むことで感染します。

3: 治療法……治療魔法、薬草

　症状が早期のうちに、治療魔法か、ベラドンナという薬草で治療します。

現実世界に人狼伝説が生まれた理由

　人間が狼に変身するなどという話が、なぜ現実世界で広まったのかというと……それは「まるで狼のような奇行をする人間」がしばしばあらわれたのが理由らしい。
　例えば「獣化妄想症」という精神疾患で、狼同然の行動をとる者。狂犬病にかかったせいで奇行を示す者。毒性のある汚染麦「麦角」を食べたせいで脳の血流が減少し、異常行動をするようになった者などだ。たしかに、目の前で人間が目を血走らせ、体を震わせて四つん這いで歩き始めたら、狼になったと思うのも不思議なことではないだろうな。

世間でライカンスロープっていったら、やっぱりいちばん多いのはワーウルフなんだけどさ、ほかにもいろんなライカンスロープがいるから、ぜひレジスタンスにスカウトしてやってくれよ。

狼以外の代表的ライカンスロープ

ワーボア（人猪）

ワーボアはイノシシに変身するライカンスロープです。
『Dungeons & Dragons』では生命力の高さが特徴であり、変身することで非常に打たれ強くなるほか、瀕死の重傷を負っても行動不能にならず、戦い続けることができます。

ワータイガー（人虎）

地上最強の肉食獣のひとつ、虎に変身するライカンスロープ。中国には「人虎」というよく似た伝承があり、その西洋版といえます。
『Dungeons & Dragons』では筋力と敏捷性に優れ、離れた場所から飛びかかる攻撃を得意としています。

ワーラット（人鼠）

ネズミ人間に変身する能力を持つライカンスロープ。ヨーロッパでネズミといえば伝染病「黒死病（ペスト）」の媒介者として有名ですが、ワーラットにもかみついた相手にさまざまな（ライカンスロピィ以外にも）病気を伝染させる能力が備わっています。

ワーベア（人熊）

最大にして最強のパワーを誇るライカンスロープ。現実世界の熊と同様、その腕力で敵を殴りつけたり、組み付いて動きを封じてから牙で仕留めます。
『Dungeons & Dragons』では、変身すると体が一回り巨大化し、それに見合う筋力を手に入れます。

 へぇ〜、ほんとにいろんなライカンスロープがいるんだべな。
特にワータイガーとかワーベアなんかはめっちゃ強そうだべ！
これなら魔王の護衛にだって負けないんでねえか？

 へへっ、今回は魔王と戦うってことだから、地面の上で役に立つヤツを選んだけど、まだまだライカンスロープはいるぜ。例えばこいつ、ワーバット！　コウモリのライカンスロープで、空を飛べるから伝令とか偵察がすげえ得意なんだ。

 たしか、ワーシャークというライカンスロープもいたはずだな？
サメのライカンスロープで、海中を高速で移動することができる。
やつらが泳いでいる海には、敵の船は近づくこともできん。

 変身する前も見せてもらったけど、ずいぶん人間が多いんですね？
たまにドワーフとかもいるみたいだけれど。

 やっぱり人間は数が多いからなぁ。そのぶんライカンスロープになるやつも多いってワケだよ。べつにエルフだってがぶっとかまれればライカンスロープになるんだぜ？
エルフのちびっこちゃん、興味があるなら試してみるかい？

エルフの亜種いろいろ

世界中のいろんな作品が、エルフのなかまをたくさん作り出しているのですよ。ほらほらやっぱり、エルフはすべての種族のあこがれなのです！（フンス）

エルフという種族には、これまで紹介してきた一般的なエルフやダークエルフ以外にも、以下のように多くの亜種が存在します。また作品によっては、エルフという種族の特徴が大きく変化しているものもあります。

エルフの亜種6種類紹介

種族名	解説
ハイ・エルフ	多くの作品で、エルフには「ハイ・エルフ」という上位種がいるとされています。彼らは普通のエルフより長い寿命、優れた能力を持っています。
ワイルドエルフ	別名グルアガッハ。荒野での生活に適応したエルフ。黒〜焦げ茶色の髪の毛が特徴で、動物の皮や植物の蔓などを織った布を身につけた狩猟民族です。
アクアティック・エルフ	水中生活をするエルフ。シーエルフ（海エルフ）とも呼ばれます。『D&D』の海エルフは、一度呼吸すれば半日弱ほど水中に潜っていられます。
ディープエルフ	洞窟の中など地下世界の岩場に住むエルフ。悪の種族であるダークエルフ（ドラウ）と同じように暗視能力を持ちますが、性格は善良です。
エラドリン	『D&D』の世界のひとつで、妖精たちが住む世界「フェイ・ワイルド」を支配している高位のエルフ種族。「フェイステップ」と呼ばれる短距離の瞬間移動能力を持っています。
アヴァリエル	『D&D』の背景世界のひとつ「フェイルーン」に住むエルフの亜種で、背中に翼が生えて空を飛ぶことができます。通称「ウイングド・エルフ」。
シャドウエルフ	『D&D』の背景世界のひとつ「ミスタラ」のエルフ系種族。肌の色、髪の色とも色素が薄いのが特徴。魔法的事故で地下に閉じ込められたエルフが、地下世界に適応するため進化した姿です。
グローランサのエルフ	TRPG『ルーンクエスト』の背景世界であるグローランサのエルフは、動物というよりは植物に近い生態を持ちます。肌色は緑がかったパステル色で、繁殖は地面に産み落とす種子によって行います。

ファンタジー好き必見!
魅惑のトールキンワールド

さて、次は『指輪物語』に代表される、
異世界「中つ国」を見ていくとしよう。
われわれデミヒューマンが
豊かな文化をつくりあげているのは、
トールキンという男が作りあげた
「中つ国(なかつくに)世界」の描写によるところが大きい。
デミヒューマンやファンタジーについて
知りたいのならば、
トールキンの中つ国世界を外すことはできんな。

はいはーい! しってるです、しってるですよ!
母さまがよく読み聞かせてくれました。『ホビットの冒険』に『指輪物語』、
どっちもすごくワクワクしました!

ほう、それはいいことを聞いたぞ。
それならばせっかくの機会だ、トールキンが描いた作品世界について、
お前が好きなように案内してみるといい。

へぇ～、ふっこちゃんは物知りさんなんだべなあ。
それじゃあぜひお願いするべさ。

は～い! ど～んとまかせてほしいのですよ!

ふっこの！はじめてのトールキンワールド

ふっふっふ、それではこのふっこが、トールキンが作った「中つ国」っていう世界を紹介してさしあげるのですよ。
ファンタジーを知りたいなら、中つ国を知らなきゃモグリだぞ！　って、お父さんがむかし言ってました！

ちょ、なんで!?
モグリはひどいべさ！

だって、世界のファンタジー作品って、ほとんど全部、トールキンの作品に影響を受けてるんだよ、ってお母さんが言ってましたし。
だからトールキン作品はぜったい読まなきゃだめなんですよ。

"中つ国"で生まれた種族

- エルフ
- ドワーフ
- ホビット
- オーク
- エント

ふっこの指摘は正しいな。
例えばこのデミヒューマンたちは、
みなトールキンの作品ではじめて
デミヒューマンとして
紹介されたのだ。

おお、なるほど。
たしかに超有名な「でみひゅーまん」ばっかりだべ。

なのですよ！　だから言ったじゃないですか。
これだから寿命が短い人は困るのです。
それじゃあさっそく、トールキン世界の紹介をはじめるのですよ〜！

ここでは何を紹介するの?

むー、あんま寿命寿命言わないでほしいべさ。
オラは牛っ子なんだから短いのはどうしようもないべ。
……それで、どんなことを聞かせてくれるべか?

その① 伝説を楽しもう!

おハツさんには、まずトールキンさんのお話がすっごくおもしろいことを知ってほしいのですよ。なのでふたつのお話がどんなものかを紹介しちゃいます!

146ページへ!

その② 世界をながめてみよう!

お話がおもしろいと、お話の舞台がどんなところなのかが気になるですよね! なのでお話の舞台「中つ国」がどんなところなのかを、たくさんお話ししますよー!

162ページへ!

その③ 書いた人を知ろう!

おもしろいお話と、ワクワクする世界があると、それをどんな人が作ったのかが気になるですよね〜。このお話の作者、イギリス人のトールキンさんのご紹介なのです!

170ページへ!

さきほども話したが、J.R.R.トールキンの小説は、あらゆる現代ファンタジー作品が参考にしている、ファンタジー界の金字塔と呼ぶべき作品だ。デミヒューマンを語るうえでも外すことができない作品だから、ぜひ簡単にでもいいからその内容を知ってもらいたい。将来はこの本をガイドブック代わりに、まずは映画、さらには原作小説で、トールキンの世界に親しんでもらいたいな。
ここからの解説は、やる気になっているふっこに任せようと思うが、もっとくわしい説明が必要な部分には私が補足を入れていく。ページ下半分の囲みに注目しておきたまえ。

絶対楽しい！"中つ国"の物語

それじゃあさっそく始めるのですよ。
どのお話を紹介してくれるのかって？ もちろん、『ホビットの冒険』と『指輪物語』に決まっているのです！ この2作品を抜きにしたら、トールキンさんは語れないのですよ！

トールキンはみずから作り出した「中つ国」世界を舞台に、長いものから短いものまで複数の物語を生み出しました。そのなかでも中心となっているのは、『ホビットの冒険』と『指輪物語』です。そのほかにも、中つ国世界の歴史や神話がわかる『シルマリルの物語』『終わらざりし物語』などが執筆されています。

代表作

『ホビットの冒険』（1937）

トールキンが創造した小人族「ホビット」の主人公ビルボが、ドラゴンを退治するドワーフ族の冒険行に参加する物語。トールキン初の長編小説であり、子供向けの児童文学として書かれています。

『指輪物語』（1955）

『ホビットの冒険』の約75年後を描く続編。冥王サウロンが作り出した邪悪な「ひとつの指輪」を破壊するため、前作主人公ビルボの甥であるフロドが、他種族の仲間とともに冒険の旅に出ます。

副読本

シルマリルの物語（1979）

トールキン没後の出版。おもに『指輪物語』以前の中つ国の歴史と神話を、長短の物語形式に編集してまとめた一冊。

終わらざりし物語（1980）

トールキンの未出版の遺稿を、編集せずに掲載。過去の神話にくわえ、『指輪物語』以後の世界にまつわる記述があります。

映画と小説で楽しもう！

『ホビットの冒険』も『指輪物語』も、小説として書かれたお話なのです。でも、小説だけじゃなくって映画もあって、すごく出来がいいって聞いたのですよ。こっちも絶対見てみたいのです！

映画『ホビット』『ロード・オブ・ザ・リング』三部作

『指輪物語』の実写映画化は、1960年代から検討されていましたが、作品の壮大さゆえに「不可能」とされてきました。しかしCG技術の発展で映画化が実現、2002年に公開された三部作は絶大な人気を博しました。

2012年からは『ホビットの冒険』の映画版も製作され、最新の3D技術で作られた迫力の映像を楽しめます。

ホビット 三部作
- 思いがけない冒険
- 竜に奪われた王国
- 決戦のゆくえ

配給：ワーナー・ブラザーズ 2012年〜2014年 DVD、ブルーレイ、3D対応で発売中

ロード・オブ・ザ・リング 三部作
- ロード・オブ・ザ・リング
- 二つの塔
- 王の帰還

配給：ワーナー・ブラザーズ 2002年〜2004年 DVD、ブルーレイで発売中

『ホビットの冒険』も『指輪物語』も、すっごく長い小説だからはじめて読むと疲れちゃうかもです。はじめてトールキン作品を楽しむなら、映画から入るのがいいかもしれないのですよ。

小説『ホビットの冒険』『指輪物語』日本語版

小説『指輪物語』の日本語訳は、瀬田貞二訳の評論社版が、文庫とハードカバーで発売中。『ホビットの冒険』は、瀬田貞二訳の岩波版と、山本史郎訳の原書房版があります。『指輪物語』と同じ訳者の岩波版が人気ですが、原書房版は改訂された「注釈第3版」が原本なので、「第2版」の岩波版より新しい内容を楽しめます。

指輪物語
評論社 愛蔵版3巻／A5版全7巻／文庫版全10巻

ホビットの冒険
岩波書店 愛蔵版／少年文庫版上下／物語コレクション上下／オリジナル版

ホビット ゆきてかえりし物語
ハードカバー新版／文庫版上下

『ホビットの冒険』は、『指輪物語』と続けて読みたいなら瀬田訳を、より最新の内容を知りたい、くわしい解説を読みたいのなら山本訳を選ぶといいだろう。両方読むのがいちばんよいのだがな！

「中つ国」物語案内① ホビットの冒険

まずはトールキンさんのはじめての長編小説、『ホビットの冒険』のご紹介なのです。こども向けのお話なのに、内容が充実しすぎで大人も大喜びだそうで……。ぜったいにおもしろいのですよ〜！

トールキンはじめての長編小説！

『ホビットの冒険』は、第二次世界大戦が始まる直前、1937年にイギリスで出版されたファンタジー小説です。作者のトールキンが、自分の子供たちに読み聞かせるために作られた児童文学でしたが、トールキンの友人から口コミで評判が広まり、正式に出版されました。本作は子供だけでなく大人からも高く評価され、各国語に翻訳されたほか、アニメ、映画などで映像化されています。

物語のテーマ① ホビット族ビルボの成長物語

この作品の主人公は、トールキンが創造した種族「ホビット族」の独身男性、ビルボ・バギンズです。ホビット族は本来、体が小さく、戦いには向かない種族です。

ビルボは物語のはじめのころは、冒険の危険におびえたり、何度も失敗して旅の仲間をピンチにしてしまうなど、一行のお荷物のような存在でした。ですが、わずか1年の旅のあいだに精神的な成長をとげ、何度も仲間の危機を救う一行の要、頼りになる冒険者となっていきます。

ビルボ・バギンズ……好奇心あふれるホビット

50歳（人間の25歳に相当）。安全第一で冒険とは無縁の性格だが、魔法使いガンダルフの巧みな策略で好奇心を刺激され、無謀なドラゴン退治の旅に参加してしまう。

物語のテーマ②　ドラゴンから宝をとりもどせ！

　ビルボたちの旅の目的は、ファンタジー界のスターであるドラゴンとの戦いです。旅の仲間のリーダーは、「トーリン」という、ドワーフの王族です。彼は自分の一族が住まう山を、彼らの財宝ごと火竜スマウグに奪われていました。スマウグを倒して住み家と宝を奪い返すことが、ドワーフ一族の誇りをかけた使命であり、ビルボはホビットの身軽さを生かした偵察役として、この危険な冒険行に同行することになったのです。

スマウグ……山を奪った悪しき黄金竜

　金色がかった赤い鱗を持ち、火を吐くドラゴン。「はなれ山」に住むドワーフ一族を殺して山ごと財宝を奪った。弱点は柔らかい腹部だが、ドワーフから奪った財宝を腹部に貼り付けて補強している。

物語のテーマ③　人、エルフ、ドワーフの戦を止めろ！

　スマウグは人間の街を襲い、意外にも人間の弓手に返り討ちにされます。破壊された街を復興するため、スマウグの宝の12分の1を分け前として求める人間に対して、トーリンはこれを断固拒否。おたがいにエルフとドワーフの援軍を呼び寄せ、一触即発、戦争寸前の事態が引き起こされます。両者の和解のために奔走するビルボは、不幸な戦争を止めることができるのでしょうか？

『指輪物語』につながる要素がいっぱい！

　この『ホビットの冒険』は、トールキン最大のヒット作『指輪物語』の80年ほど前を描いた物語だ。主要な登場人物のなかには両方の作品で活躍している者も多い。魔法使いガンダルフ、主人公のビルボなどがそうだな。
　特に重要なのが、この『ホビットの冒険』で、ビルボと出会ったゴクリが持っていた指輪だ。この指輪は「ひとつの指輪」といって、世界を支配する邪悪な力がこめられている、とんでもないシロモノだ。私がこんなものを使ったら、あっというまに世界を支配できてしまうな……それはともかく、『ホビットの冒険』と『指輪物語』は密接につながっている。先に読むのはどちらでもいいが、『ホビットの冒険』を読んでから『指輪物語』を読むと、片方だけを読むより何倍も楽しめることは間違いないぞ。

ビルボと旅の仲間たち『ホビットの冒険』の登場人物

『ホビットの冒険』は、魔法使いのガンダルフ先生に引率された、たくさんのドワーフさんとホビットのビルボさんがドラゴンを倒すお話なのです。でも、ドラゴンを倒しても「めでたしめでたし」にはならないのですね。
ドラゴンを倒したのは人間だから、人間は宝の分け前をほしがるし、ドワーフも「自分たちの財宝を取り返した」のに、分け前を出すのは納得できないし……。そんなケンカをしてる裏で、ゴブリンたちが大軍団を連れてくるし……もう大変なのです!
ビルボ〜、なんとかしてなのですよ〜!!

一行を導く謎の魔術師
ガンダルフ

灰色のローブととんがり帽子を身につけた、白いヒゲの魔術師。世界を侵略する冥王サウロンに対抗する使命があり、ドラゴン退治で敵を弱めるためビルボを冒険の旅に誘います。

誇り高きドワーフの王族
トーリン・オーケンシールド

かつてエレボール(はなれ山)を統治していたドワーフ王の孫。誇り高く、気むずかしい性格です。140年前にスマウグに山を奪われて以来、故郷と財宝の奪還に命をかけています。

トーリンに付き従うドワーフたち
ドゥリンの一族

エレボール(はなれ山)の王国に住んでいた13人のドワーフ。王の孫であるトーリンを一族の族長に据え、悪竜スマウグを倒す冒険行に志願。戦士としてトーリンを支えています。

「指輪」を有する醜い小鬼
ゴクリ(ゴラム)

黒っぽい人型生物。全身がぬらぬらとしたものに覆われ、手足には水かきがあり、眼球が飛び出しています。本名はスメアゴル。「ひとつの指輪」に強い執着心を持っています。

竜を射殺す弓の名手
バルド

かつて滅亡した「谷間の国」の王家の血を引く、湖上都市に住む人間族。黒い矢と大弓を使う弓の名手で、エスガロスを襲ったスマウグの弱点に矢を撃ち込んで討ち取りました。

闇の森のエルフの指導者
エルフの王

「闇の森」のエルフたちの王。目的を告げずに森に侵入したトーリンたちドワーフを拘束します。本名は「スランドゥイル」。指輪の仲間であるレゴラスは彼の息子です。

『ホビットの冒険』人物相関図

復讐のゴブリン王
ボルグ

ゴブリン族の首領。ボルグの父親はかつてトーリンの一族との戦争で討ち死にしています。憎きドワーフが帰ってきたことを聞き、彼らを殺すべく軍勢を連れて登場します。

お着替え可能な熊人間
ビヨルン

闇の森の西側に家を構える熊人間。普段は人間の姿をしていますが、熊の毛皮を着ると凶暴な大熊に変身します。反面、お菓子作りやパン作りが特徴という意外な一面もあります。

「中つ国」物語案内②
指輪物語

『指輪物語』は、トールキンさんの名前を世界中で有名にした超人気作品なのです！ こども向けでちょっと笑えた『ホビットの冒険』と違って、シリアスでハラハラドキドキの冒険なのです！

『指輪物語』のストーリーの軸となるのは、前作『ホビットの冒険』で主人公ビルボが発見した「ひとつの指輪」です。実はこの指輪は、悪の冥王サウロンが、世界の有力者をあやつるために創造した、邪悪なアイテムだったのです。サウロンはこの指輪があるかぎり何度でも蘇るので、サウロンを滅ぼすには、なんとかして指輪を破壊しなければいけません。

世界を救うふたりの主人公に注目!

物語のなかで、主人公級の活躍を見せるキャラクターがふたりいます。前作主人公ビルボの甥であるホビット族のフロドと、人間族の野伏（レンジャー）であるアラゴルンです。指輪を破壊するという使命を果たすために仲間になったふたりは、作中で離ればなれになってしまいますが、おたがいを信頼しあい、使命をなしとげるのです。

フロド・バギンズ
『ホビットの冒険』でビルボが入手した指輪を託された、ホビット族の青年。精神力が強く、どんな危険に出会っても、へこたれずにがんばることができます。

アラゴルン（馳夫(ストライダー)）
放浪民の一族の族長。周囲からは"大股で歩くヤツ"という意味の「馳夫(ストライダー)」の蔑称で呼ばれます。本人も気づいていませんが、失われた王家の正統後継者です。

世界を滅ぼす「ひとつの指輪」

『指輪物語』のお話は、「ひとつの指輪」をめぐる物語なのです。この指輪、魔法とか呪いとかそういうレベルじゃない、とんでもなくわるーい力が込められているのですよ〜!!

すべての"指輪"を支配するもの

「ひとつの指輪」は、「力の指輪」と呼ばれる20個の指輪のひとつです。力の指輪は、持ち主に偉大な力を与え、老化を抑制します。そして「ひとつの指輪」は、ほかの「力の指輪」を持つ者を支配する力があります。「ひとつの指輪」を正しく使った者は、世界の支配者となるのです。

この強大な力を生み出すため、冥王サウロンは自分の力の根源を指輪に封じ込めています。そのため「ひとつの指輪」があるかぎり、冥王サウロンは何度でも

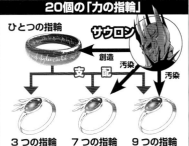

20個の「力の指輪」

ひとつの指輪 / サウロン / 創造 / 支配 / 汚染 / 汚染

3つの指輪 エルフのための指輪。汚染はないが支配を受ける。
7つの指輪 ドワーフに与えられた指輪。サウロンの汚染あり。
9つの指輪 人間に与えられた指輪。サウロンの汚染あり。

蘇ります。世界の破滅を防ぐため、指輪は絶対に破壊されなければならないのです。

"切り札"にして"弱点"となる「ひとつの指輪」

「ひとつの指輪」の偉大な力は、指輪の扱いに習熟していなくてもある程度引き出すことができます。その力は右にあげたとおりで、指輪が作られた「滅びの山」に近づくほど強力になっていきます。

反面、指輪をはめているときはもちろん、ポケットに入れているだけでも肉体と精神に右のような悪影響があります。さらには自分が持っていなくても、指輪の近くにいるだけで欲望が増幅され、偏執的に指輪を求めるようになってしまいます。

指輪のパワー
- はめると透明化する
- 持ち主の能力を強化する
- 不老長寿になる
- 力の指輪を持つ者の精神を支配する

指輪の呪い
- 透明化すると、指輪の幽鬼ナズグルに発見される
- 欲望が増幅され、歯止めがきかなくなる
- 肉体が邪悪に変質する
- 精神が摩耗し、指輪の幽鬼ナズグルに変わる
- サウロンにとって有利となる事件を起こす

『指輪物語』のキャラクター

『指輪物語』の主人公は、『ホビットの冒険』のビルボ君から「ひとつの指輪」を受け継いだ、甥っ子のホビット「フロド」君なのです。フロド君を中心に、人間、エルフ、ドワーフ、魔法使いの若者が集まって、絶対指輪をぶっ壊す冒険チーム「指輪の仲間」が結成されたのですね！
でも、悪い冥王サウロンや、悪堕ち魔法使いサルマンたちが、指輪を奪ったり悪以外の種族を殺そうとしているのです。っていうか悪の勢力強すぎて人間もエルフも大ピンチなのですよ、もう、フロド君が指輪を壊してくれるのに賭けるしかないのです！

サム&メリー&ピピン

フロドの使用人である庭師サム、めざとく賢いメリー、唯一の未成年で、うっかり者だがへこたれないピピンの3人のホビットが、フロドを追いかけて旅の仲間に加わりました。

ゴンドール軍の総大将 ボロミア

南方のゴンドール王国の勇猛な武将。自信と誇りに満ちあふれた人物です。「指輪の仲間」ですが、指輪の力でゴンドールを救いたいという矛盾した気持ちを抱いています。

闇の森から来た弓使い レゴラス

名前はエルフの言葉シンダール語（→ p165）で「緑の葉」という意味。闇の森のエルフ王の息子で、エルフの代表者として「指輪の仲間」に加わります。弓矢の達人でもあります。

力自慢のドワーフ戦士 ギムリ

斧をあやつるドワーフ族の戦士。『ホビットの冒険』でビルボと旅した「グローイン」の息子で、仲間と美しい物を愛しています。ドワーフ族の代表として「指輪の仲間」に参加します。

指輪に魅せられた北方の王 イシルドゥア

アラゴルンの3000年以上前の先祖。サウロンを倒して奪った「ひとつの指輪」に魅入られ、指輪の力でゴンドールを建国。しかし指輪が呼び寄せたオークの大軍に殺されました。

指輪を探す復活の冥王 サウロン

中つ国の悪しき種族をたばね、ひとつの指輪を探す冥王。姿を自在に変えることができますが、他人の精神のなかにあらわれるときは「炎に縁取られた目」の姿をとります。

指輪に魅入られた魔法使い
サルマン

　ガンダルフ（→p150）の先輩である魔法使い（イスタリ）。善の勢力の一員ですが「ひとつの指輪」に魅せられ、指輪を奪ってサウロンの後釜に座るべく、善の勢力を裏切りました。

指輪所持者を追う幽鬼
ナズグル

　ひとつの指輪をはめた者を追跡する黒衣の幽鬼9人組。その正体は「力の指輪」に破滅させられた人間族であり、本来の人格を失って、完全に冥王サウロンの下僕になっています。

『指輪物語』三部作ストーリーガイド

ここからは、『指輪物語』のお話の、くわしい内容を紹介するのです。
お話の中身を新鮮に楽しみたい人は、まわれ〜右！ なのですよ？
すこしでも知っておきたい人は、ぜひぜひ聞いていってください！

『指輪物語』は3部構成

第1部:「旅の仲間」
The Fellowship of the Ring

主人公達の出会いが描かれた序章です。冥王サウロンの残した「ひとつの指輪」を破壊するために、5つの種族から9人の仲間が集います。

第2部:「二つの塔」
The Two Towers

「ひとつの指輪」の悪意によってバラバラになってしまった「指輪の仲間」たちが、世界の破滅を食い止めるためにそれぞれの戦いにのぞみます。

第3部:「王の帰還」
The Return of the King

「ひとつの指輪」を破壊する唯一の手段、「滅びの山」の火口に主人公フロドを送り込むため、「指輪の仲間」が一致団結する最終決戦です。

『指輪物語』には、中つ国世界の説明や、登場人物が作った詩などが頻繁に登場するので、初見で隅から隅まで読むのは厳しいかもしれん。はじめて読むときは設定や詩を読み飛ばして物語だけを楽しみ、2回目に設定や詩を楽しむという読み方を推奨しよう。

第一部　旅の仲間

第一部では、物語の主人公であるホビット『フロド』とその仲間たちの、旅の始まりが描かれます。

『ホビットの冒険』の主人公ビルボ・バギンズの甥であるフロド・バギンズは、ある日ビルボから不思議な指輪を託されます。なんとこの指輪は、冥王サウロンが世界を支配するために生み出した道具だったのです！

フロドは指輪を破壊し、世界を救うため、長い冒険に出発します。

フロド、指輪を託される

フロドが託された金の指輪は、世界を支配する邪悪な力を秘めた「ひとつの指輪」でした。この指輪を壊すには、「滅びの山」の火口に投げ捨てるしかありません。フロドの長い旅が始まります。

「指輪の仲間」の集結！

エルフの住む「裂け谷」での会議の結果、中つ国の各種族から総勢9人の代表者を出し、指輪を捨てるための冒険の旅に送り出すことになりました。フロドの終生の友となる「指輪の仲間」の誕生です。

ガンダルフvs悪鬼バルログ

邪悪な種族が住むモリアの洞窟で、悪鬼バルログが一行を襲撃。魔法使いガンダルフが、フロド達を先に行かせてバルログと相討ちになってしまいます。
※ **ガンダルフ離脱！**

オークの襲撃！

「指輪の仲間」ボロミアは、指輪の力に魅了され、フロドから指輪を奪おうとしてしまいます。人心をゆがめる指輪の脅威を知ったフロドは、一行との別行動を決意。そしてボロミアは、指輪を求めるオークの軍勢と戦って戦死してしまいました。
※ **ボロミア戦死、フロド＆＆サム別行動へ**

うわぁ!! せっかく集まった仲間が、いきなりバラバラになっちまっただ〜!
「ひとつの指輪」、こんなにとんでもねえ物だったとは知らなかったべ……。
いきなりこんな大ピンチで、サウロンに勝てるべか？

第二部　二つの塔

第二部では、3つのチームに分かれた『指輪の仲間』たちの、それぞれの冒険が描かれます。

「ひとつの指輪」の悪意により、仲間のひとりボロミアを失ったフロドたち「指輪の仲間」。フロドとサムは、仲間たちが指輪の魔力で心をゆがめられることを恐れ、ふたりだけで指輪を破壊しに向かいます。残された仲間たちは、世界を席巻しているサウロンの軍勢に対抗するため、各種族の力を結集させようと動き始めます。

メリー&ピピンチーム
森人エントとの合流

ボロミアを襲撃したオークたちに誘拐されたメリーとピピンは、なんとか脱出に成功しました。彼らは森を守るエント族を説得して味方につけ、アラゴルンたちが攻略しようとしている巨大要塞、アイゼンガルドへ向かいます。

フロドチーム①
ゴクリとの合流

滅びの山を目指すフロドとサムの前に「ひとつの指輪」の元の持ち主であるゴクリがあらわれ、滅びの山があるモルドールへの道案内を申し出ます。指輪を付け狙うゴクリをサムは警戒しますが、フロドはその哀れな姿に情けをかけ、ゴクリを案内役として迎え入れました。

アイゼンガルド要塞　エント森

ローハン王都

滅びの山

アラゴルンチーム
アイゼンガルド要塞の決戦!

アラゴルン率いる一行は、道中でガンダルフと再会。人間たちの味方だった魔術師サルマンが裏切り、冥王サウロンについたことを報告します。ガンダルフとアラゴルンはこの地の王国ローハンを口説き落とし、サルマンとその軍勢がこもるアイゼンガルド要塞を攻撃。メリーとピピンが連れてきたエントの助力のおかげで要塞を攻略しました。

フロドチーム②
ゴクリの裏切り、サムの決意

サムが警戒したとおり、ゴクリはフロドを裏切り、毒蜘蛛の怪物シェロブの巣穴に彼らを誘導します。シェロブの毒で仮死状態になったフロドがオークに連れ去られると、サムは覚悟を決めてみずから指輪を持ち、フロド奪還を決意しました。

「指輪の仲間」と人間たちの、はじめての大勝利なのです!
でも、ひとつ勝ってもすぐにピンチがやってくるのです。冥王サウロンの本隊から、人間の城塞都市ミナス・ティリスを守らなくちゃいけないのですよ。

第3部 王の帰還

世界に悪意を振りまく『ひとつの指輪』を破壊するため、
各種族が力をあわせるクライマックスです。

ガンダルフやアラゴルンは、人間の国ゴンドールを守るために軍隊に加勢し、敵の攻め手を蹴散らすと、フロドの「滅びの山」行きを助けるために軍を北に向けます。アラゴルンたちの助けもあって滅びの山に到着したフロドとサムでしたが、指輪を捨てようとするフロドの背中を、ゴクリの鋭い眼光が狙っていました。

ガンダルフチーム ローハン勢とともに東へ！

サウロンの軍勢に攻められているミナス・ティリスを救うため、ガンダルフとメリー、ピピンは、ローハンの軍勢とともに南下。ミナス・ティリスに入城し、ゴンドール軍とともに籠城戦に入ります。

アラゴルンチーム① 戦士の魂を味方につけろ！

アラゴルンは「死者の道」へ向かい、彼の先祖イシルドゥアが不滅の呪いをかけた「死者の軍勢」を支配します。籠城中のミナス・ティリスに到着したアラゴルンは、死者の軍勢の力でサウロンの軍勢を蹴散らしました。
ガンダルフ、メリー、ピピンと合流！

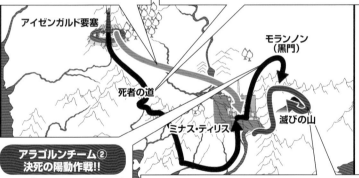

アラゴルンチーム② 決死の陽動作戦！！

アラゴルンは、モルドール内部のフロドたちが動きやすいよう、各種族の連合軍でモルドールを攻撃します。しかしサウロン軍の兵力は圧倒的で、連合軍は包囲されました。このままでは全滅してしまいます！

フロドチーム いざ滅びの山へ！

蜘蛛の毒が抜けて動き始めたフロドは、何度ものピンチを切り抜け、滅びの山に到着します。フロドはここでゴクリに指輪を奪われますが、ゴクリはそのときの勢いで火口に転落。指輪はゴクリの体ごと完全に破壊され、サウロンは滅んだのです。

指輪がぶっ壊れればサウロンも滅ぶのです。そして王様を失った悪の軍勢なんてぜんぜんこわくないのです！ アラゴルンさんは人間族の王様になって、悪いやつらを倒して中つ国に平和をもたらしたのですよ。フロド君ががんばったおかげですね♪

「中つ国」物語案内③ シルマリルの物語

トールキンさんが作った中つ国のお話に、もういっこ大事なのがあるんだそうです。『シルマリルの物語』っていうですけど……お話っていうよりは歴史の本って感じで、ちょっとわたしには難しかったのです。

『シルマリルの物語』 The Silmarillion
1977年　編：クリストファー・トールキン

トールキン没後に出版された遺稿集

J.R.R.トールキンは、1973年にこの世を去りましたが、彼の手元には『指輪物語』とともに出版を目指していた、中つ国世界に伝わる神話や歴史の資料、物語の数々が未発表のまま残されていました。幼いころから父の創作活動を手伝っていた、彼の三男クリストファーは、トールキンが残した遺稿を再編集して出版しました。これが『シルマリルの物語』です。

"中つ国"世界の過去がわかる物語集

『シルマリルの物語』は、中つ国世界の創造神話にはじまり、複数の時代の事件、できごとをまとめた文献です。なかでも半分以上の分量を割いているのが、「シルマリル」という宝玉をめぐる、数百年にわたる争いを描いた物語『クウェンタ・シルマリリオン』です。

『クウェンタ・シルマリリオン』には、世界が生み出されてからの主要な事件、諸悪の根源である初代冥王モルゴースの行いなどが物語形式で書かれています。これを読めば、『ホビットの冒険』『指輪物語』で描かれた数々の因縁が詳細にわかるようになっています。

『シルマリルの物語』を読むとわかること

- 世界の成り立ち
- ガンダルフたち魔法使いの正体
- エルフの歴史と種族
- 「力の指輪」と「ひとつの指輪」について
- 冥王サウロンの過去

あー、なるほど。こりゃ「物語」っていうよりは、「神話」だっていったほうが近いべな？オラにもちょっと難しそうだ、『ホビットの冒険』と『指輪物語』を読み終わったら手えだしてみるべさ。

輝きの大宝玉"シルマリル"の物語

大宝玉シルマリル The Silmarils

『クウェンタ・シルマリリオン』は、「シルマリル」という3つの宝玉を巡る物語です。シルマリルはダイヤモンドのような宝玉ですが、つねに光り輝き、悪しき者が手にするとその身を焼く神聖性が備わっています。

神を裏切り冥王となったモルゴスは、シルマリルの美しさに嫉妬し魅了され、それを奪おうと画策します。またシルマリルを作ったエルフ「フェアノール」の一族は、シルマリルが奪われたらあらゆる手段で奪い返すという、呪いにも似た誓いをたててシルマリルを守ろうとします。そしてシルマリルの美に魅せられた他種族も巻き込み、長く不毛な戦いが始まるのです。

"光のエルフ"と"闇のエルフ"ができるまで

『シルマリルの物語』には、中つ国の主要種族であるエルフがいくつかの種族に分かれた経緯が書かれています。中つ国では、シルマリルの輝きの元である「二つの木」（→p166）の光を直接見たものを「光のエルフ」、見ていない者を「闇のエルフ」と呼びます。つまり「光」と「闇」は善悪をあらわす分類ではないのです。

中つ国のエルフの分類をさらにくわしく分けると、以下のようになります。

二つの木の光を見るために海の向こうの地「アマン」へ旅立ったエルフのうち、第一陣と第二陣は無事にたどり着き光を見ましたが、第三陣は分裂し、一部は無事海を越えたものの、残りは元の大陸に残ったため光を見ることはありませんでした。『ホビットの冒険』や『指輪物語』は、彼ら光を見なかったエルフがとどまった大陸を舞台にした物語であるため、作中に登場するエルフの大半は「闇のエルフ」です。

4つのテーマで見る "中つ国（ミドルアース）"世界案内

「中つ国」っておもしろい世界ですよね！
だって『ホビットの冒険』でも『指輪物語』でも、いろんな種族が活躍してますし、キレイな詩をオリジナルの言葉で紹介してるし、長くて濃い歴史があるし……もう素敵すぎるのです！

お、おう……ふっこちゃん落ち着くべさ。
とりあえず、中つ国って素敵なところだって言いたいことはわかったべ。

ふむ……よいか、ふっこよ。
他人に何かを伝えたいときは、伝えたいことを整理することが大事だぞ。
例えばだな……（書き書き）

4つのテーマで"中つ国"を見てみよう！

人類学……中つ国に住む
　　　　　　知的生命体の種族に注目！

言語学……中つ国世界で使われている
　　　　　　文字と言語に注目！

歴史学……中つ国世界がたどってきた
　　　　　　歴史に注目！

地理学……中つ国世界の構造と、
　　　　　　物語の舞台の地図を紹介！

ほら、お前の言いたいことはこういうところだろう？
テーマごとに分けて、中つ国の素敵なところを紹介してあげればよいのだよ。

おお……さすが魔王、悔しいけどわかりやすいべ。
しかも「○○学」って、なんだか学者先生みたいでかっこいいべなあ……。

わかりましたです！
中つ国がすごく素敵なところだってことを、この4つを使って、おハツさんが生きてるうちにしっかり知ってもらうのですよ。

人類学

中つ国を知る4つの視点①

中つ国には、人間やエルフ以外にもデミヒューマンの種族がたくさんいるのです。昔の創作では、こんなにたくさんの種族がいる世界はめずらしかったそうですよ？ ミノタウロスはいないですけど……。

創造神が作った種族

神が作った創造の担い手 アイヌア

イルヴァタルが直接作った上位種族ヴァラールと、ヴァラールが作った下位種族マイアがいます。ガンダルフ（⇒p150）たち魔法使い（イスタリ）は、肉体を得たマイアです。

永遠の命を持つ「美」の担い手 エルフ（⇒p16、132）

中つ国世界に「美」をもたらすために創造された種族。人間よりあらゆる面で優れた能力と、不老の肉体を持ち、外傷で肉体が死んでも生まれ変わることができます。

自分の意志で未来を切り開く種族 人間

神がエルフの次に作り出した種族。肉体の死によって、精神が中つ国世界を離れ、宇宙に旅立つ「死すべき運命」を与えられているため、エルフとは違って寿命があります。

平穏と享楽を愛する小人族 ホビット（⇒p96）

人間の亜種として分化した小人族で、身長は100cm未満の小太り体型。性格は保守的で、一生を食料を作って食べることに費やし、村の外にはまったく興味がありません。

ヴァラールが作った種族

短身剛健な石工の種族 ドワーフ（⇒p22）

ヴァラールのひとりが作った種族。低い身長とたくましい体を持ち、戦士として、職人として活躍する。かつてエルフの王国を滅ぼしたことがあり、その因縁からエルフとは不仲です。

根を持つ者の守護者 エント（⇒p112）

木のような外見の巨人族。新種族ドワーフによる自然破壊を防ぐため、樹木の守護者として作り出されました。深い知恵と恐るべき身体能力を持ち、城壁すら簡単に破壊できます。

冥王が作った悪の種族

邪悪なる者の先兵 オーク（ゴブリン）

冥王モルゴースがエルフを捕らえて堕落させたもの、あるいはモルゴースが人間やエルフを真似て作りあげたものだともいいます。ゴブリンという別名でも呼ばれます。

怪力を振るう岩肌の巨人 トロル（⇒p20）

硬い皮膚、怪力、巨体を持つ悪の種族。冥王モルゴースがエントを参考にして創造しました。非常に強力な種族ですが、頭が悪く、太陽光を浴びると石化するのが弱点です。

言語学

中つ国世界には素敵な言葉がたくさんあるのですよ。オリジナルの文字まであって、これで書いた文章がすっごくキレイなのです。こんなにたくさんの言葉がある世界、見たことないです！

「中つ国」を作りあげたトールキンの本業は、イギリスの名門オックスフォード大学の言語学の教授です。トールキンは趣味および研究の一環として、架空の言語を作り出しました。「中つ国」で使われているという15個の言語は、すべてトールキンが作った架空言語で、言語の発展の歴史まで詳細に設定されています。

中つ国の種族が話す代表的な言語

エルフは……
- クウェンヤ
- シンダール語

ドワーフは……
- クズドゥル

人間は……
- 西方語
- ローハン語

オークは……
- 暗黒語

エ、エルフが話すのってエルフ語じゃねえだか？
ひええぇ、エルフが話す言葉がふたつもあるなんて聞いたことないべ。

ああ、「中つ国」のエルフ語はとくに念入りに作られていてな……ただ「そういう言葉がある」という設定だけでなく、単語も文法もちゃんと決まっているから、実際に使える言葉なのだ。作中にはクウェンヤを使った詩がたくさん掲載されているぞ。

『ホビットの冒険』『指輪物語』は『翻訳書』

トールキンが書いた『ホビットの冒険』と『指輪物語』は、ホビットが「西方語」で書いた本を、トールキンが英語に訳したものだということになっている。

だから「中つ国」の作品を翻訳するときは、英語由来の固有名詞をぜんぶ「その国の言葉」に訳さなければいけないというルールがあるそうだ。"ストライダー"が"馳夫"、"ゴラム"が"ゴクリ"と訳されているのは、ほかならぬトールキンの指示によるものなのだな。

中つ国のアルファベット「テングワール」と「キアス」

日本に漢字とひらがなとカタカナがあるように、中つ国にも独自の文字があります。中つ国でおもに使われている文字は「テングワール」と「キアス」の2種類ですが、より広く使われているのはテングワールのほうです。現実世界で、英語もフランス語もドイツ語も同じ「アルファベット」で書くのと同じように、エルフの言葉も人間の言葉も「テングワール」や「キアス」で記述されます。

テングワール

テングワールは、フェアノールというエルフが既存の文字を改良して作った、中つ国でもっとも使われている文字で、24種の基本文字と12個の追加文字があります。筆やペンで紙に書くための字で、下のような流麗な曲線が特徴です。

テングワール文字で「テングワール」を書いたもの。

キアス

現実世界の北欧で使われていた「ルーン文字」によく似た文字。石などに刻むための文字であり、加工しやすいように直線主体の字形になっています。一部のエルフと、石細工が得意なドワーフたちがこの字を使っています。

キアス文字のひとつ「アンゲアサス・モリア」の名前をキアス文字で書いたもの。

右の表は、トールキンの作品で活躍する登場人物の名前をテングワールで書いた場合の表記です。現実世界の名前と同じように、彼らの名前には意味が込められています。

名前	言語	現地表記	意味
フロド・バギンズ（※）	西方古語		老いて賢き者
レゴラス	シンダール語		緑の葉
サウロン	クウェンヤ		身の毛のよだつ

※ フロドの名前は、本来は「Maura Labungi」という西方語由来の名前なので、トールキンはこれを古英語のFród（経験による英知）に翻訳しました。

「中つ国＝ Middle-earth」の意味

中つ国の英語表記である"Middle-earth"という単語は、トールキンの完全なオリジナルではなく、彼の研究対象だった古英語、中英語の文献によく出てくる「middangeard（中の住まう場所）」という表記を現代英語訳したものです。
「middangeard」は世界そのものを意味する言葉として使われており、トールキンはこれを自分が作りあげた世界の呼び名に採用したのです。

ちなみにミドルアースの語源が、北欧神話で人間が住む世界「Miðgarðr（ミズガルズ）」だと言う者がいるが、これは中心の土地ではなく「中の囲い」という意味だから、ミドルアースとはすこし意味が異なる。気をつけるといい。

中つ国を知る4つの視点③ 歴史学

中つ国には、何万年もの歴史があるのです。しかもただ「何万年前にできた」って言うだけじゃなくて、どの時代にどんなすごいことがあったのか、すごくくわしい歴史があるですよ！

このページで紹介するのは、創造神イルヴァータルが創造した世界「アルダ」が生まれてから、悪しき者との最終決戦が行われる未来までの歴史です。この世界では、アルダを照らす光がどこから来ていたかによって、各時代を「灯火の時代」「二つの木の時代」「太陽の時代」に分けています。

時代の流れ

時代名	アルダ世界の創造	灯火の時代	二つの木の時代	太陽の
おもなできごと		ヴァラールたちが作った2個の灯台が、アルダ世界を照らしていた時代 －おもなできごと－ ・メルコールの追放 ・動植物の誕生	2個の灯火が破壊されたあと、光り輝く2本の木が、世界を照らしていた時代 －おもなできごと－ ・エルフの目覚め ・ドワーフの誕生	第1紀（600年間）月と太陽が完成してから、冥王モルゴースが打倒されるまで －おもなできごと－ ・人類の目覚め

アルダという世界は、虚空に浮かぶ船のような形をした美しい世界に育つはずでした。しかし創造神の部下メルコールが裏切り、美を破壊し悪徳をまき散らすようになります。

メルコールが灯火を破壊すると、創造神の部下たちは2本の輝く木を生やして世界の光源とします。メルコールは戦いに敗れて捕らえられていましたが、「改心した」として釈放されます。しかしメルコールは依然として邪悪であり、策を用いて2本の木を枯らしてしまいます。

メルコールは冥王モルゴスと名を替え、シルマリルの宝玉（➡p160）を巡って大戦争を引き起こします。モルゴスはこの戦いに敗れ、その力を封印して追放されました。

アルダを汚す"悪魔"との戦い

中つ国世界の惑星「アルダ」の歴史は、創造神のしもべと、創造神を裏切った悪のしもべの戦いの歴史だ。

もともとこのアルダ世界は美しい世界として作られるはずだったのだが、最強のヴァラールだったメルコールが、アルダの大地を美しく作ろうとする、ほかのヴァラールたちを妨害しはじめたのだ。ヤツは創造神の力に嫉妬していたのだな。メルコールはその悪の心ゆえに冥王モルゴスと呼ばれるようになり、悪の限りをつくしたが、創造神に作られた種族であるエルフによって倒された。だがモルゴスの側近だったサウロンがあとを継ぎ、「力の指輪」と「ひとつの指輪」によって善の種族を苦しめ続けているのだよ。

時代

第2紀（3441年間）新たな冥王サウロンが敗れ、「ひとつの指輪」を失うまで	第3紀（3021年間）「ひとつの指輪」が破壊されるまで	第4紀以降「ひとつの指輪」が滅びの山で破壊され、冥王サウロンが滅んだあとの時代	終末の戦い（ダゴール・ダゴラス）
－おもなできごと－ ・「力の指輪」の創造 ・アルダの球体化	－おもなできごと－ ★『ホビットの冒険』 ★『指輪物語』	－おもなできごと－ ・人間以外の知恵ある種族が衰退	

新冥王サウロンにそそのかされた悪の人間王からアマンを守るため、アルダは球形に作り変えられ、中つ国からアマンに行くことはできなくなりました。

サウロンの手から失われた「ひとつの指輪」を巡る探索と戦いの時代。『ホビットの冒険』『指輪物語』の物語は、この時代のできごとです。

指輪の力が去り、人間が世界を支配する時代。トールキンによれば、中つ国は地球の過去の姿であり、我々の住む時代は第5～6紀に相当するそうです。

封印されたモルゴスは、遠い未来に復活し、それにあわせて中つ国を去った者たちが集結。最後の戦争と世界の再生が行われると予言されています。

中つ国を知る4つの視点④ 地理学

『ホビットの冒険』と『指輪物語』の舞台は、エンドール大陸っていう土地の北西にあるのです。世界全体じゃなくて、この地域だけのことを「中つ国」って言う場合もあるんだそうですよ〜。

ビルボとフロドの故郷。丘の斜面をくりぬいて作る、ホビット族独特の住居「ホビット穴」がずらりと並ぶ農耕地帯です。
➡p157

青の山脈

←至アマン

エリアドール地方

アルダ世界の楽園であるアマンは、かつては中つ国から西の海上にありましたが、第2紀以降の時代では、中つ国からは決して到達できない場所に移されています。
➡p167

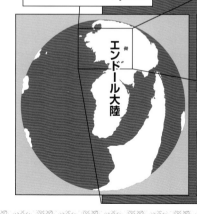

エンドール大陸

霧ふり山脈と青の山脈に挟まれた地域をエリアドール地方と呼びます。かつてこの地には、アラゴルンの先祖が立てたアルノール王国（北方王国）がありました。

ゴンドー

白の山脈の南北に広がる地域。人間の王国「ゴンドール王国」が健在で、サウロンの闇の軍勢にかろうじて抗っています。
➡p158

いまや数が少なくなった、樹木の守り手「エント」たちが住む森で、通称エント森。この森の樹木はエントに育てられたため、微弱な意志を持っています。
➡p158、163

竜の住む山エレボールの東方にある山脈で、ドワーフが支配する鉄の名産地。エレボールのドワーフ王国とは兄弟国で、トーリンの危機に軍勢を引き連れて援軍にかけつけました。

黒がね連山

霧ふり山脈

闇の森

霧ふり山脈の東に広がる広大な森。動植物は冥王サウロンの魔力で汚染されており、一部のエルフの居住地などを除くと、食料すら得ることができない死の森となっています。東にあるはなれ山（エレボール）には黄金竜スマウグが住んでいます。
➡p151

エント森

冥王サウロンが支配する闇の国。多くの悪の種族や、悪の性質を持つ人間たちが暮らしています。ふたつの強固な砦で外部から守られており、北東の盆地部分には指輪を破壊しうる火山「滅びの山」があります。
➡p159

ローハン王国

白の山脈

ル王国

モルドール

霧ふり山脈と白の山脈に挟まれた地域にある人間の王国。ゴンドール王国の同盟国としてともに冥王サウロンに抵抗しており、精強な騎兵軍団を持つことで知られています。北西部にはサウロンに寝返った魔法使いサルマンの居城、アイゼンガルド要塞があります。
➡p158

"中つ国"世界の創造者
J・R・R・トールキン

中つ国世界を想像し、『ホビットの冒険』『指輪物語』の作者として知られるJ.R.R.トールキンは、世界に数多いベストセラー作家のなかでも異色の経歴をもつ人物です。なぜトールキンが中つ国のような世界を作るに至ったのか、この章では作者トールキンの足跡からそれを分析します。

私はな、芸術作品というものは、作者の人生を映し出す鏡だと考えている。ぶっこをこれだけ夢中にさせる作品がどのような男によって作られたのか、私は実に興味をもっているぞ。

うーん、たしかにそうだべな。小説２本書くために、オリジナルの言語を何種類も作っちゃうなんて、どう見ても普通じゃねえだ。
ぶっこちゃん、トールキン先生ってどんな人なんだべ？

ジョン・ロナルド・ローウェル・トールキン
John Ronald Reuel Tolkien

ドイツ系イギリス人であるトールキンは、当時イギリスの植民地だった南アフリカ生まれの言語学者です。イギリスの名門オックスフォード大学で教鞭をとる一方、研究のかたわらに行っていた創作活動で、のちのファンタジーブームの礎となる名作を生み出しました。

代表的著作

1920年代	『ベオウルフ』翻訳	1964	論文『妖精物語について』
※1937	小説『ホビットの冒険』	1966	自伝『Tolkien on Tolkien』
1949	小説『農夫ジャイルズの冒険』	その他、短編小説、学術著作多数	
※1954	小説『指輪物語』		

（※マークのついた作品は"中つ国"を舞台とした作品）

はい、こんな感じ。トールキン先生の伝記から持ってきたのです！
小説家じゃなくて学者さんだったのですね〜。

なるほどそういうことか、ますます興味が湧いてきたぞ。
ここはひとつ、トールキン氏がいかなる人物であったのか研究するとしよう。
すまんが、しばらくのあいだ真面目にやらせてもらおう。

英文学博士トールキン教授のマルチな才能

言語学者だということは知っていたが……トールキン氏は、ずいぶん多彩な才能に恵まれていたのだな。学問、芸術、教育とは……これほどの人物が私の世界にいたならば、部下として招き入れるところだ。

多言語話者

幼いころから語学に興味を示していたトールキンは、わずか4歳でラテン語を習得。最終的に10種類を越える言語を習得しました。軍隊でも「少しでも言語に近い仕事」を、モールス信号を扱う通信手を選んだほどの言語好きでした。

絵画

トールキンは絵を描くのも趣味のひとつとしており、しばしば小説の挿絵を自分で描きました。また、中つ国世界の人物、地形、建造物についての膨大な量のスケッチを残しており、これが後世の映像作品に活かされています。

トールキン教授の4つの特技

詩歌

トールキンは多くの詩が登場する古英語や北欧の神話伝承を研究するなかで、自分も詩を作るようになりました。
『指輪物語』などの中つ国作品には多くの詩が収録されており、その作品数は一冊の本にまとめられるほどの膨大なものです。

教育者

トールキンの本業は、イギリスの名門オックスフォード大学の言語学教授です。彼の授業は非常にわかりやすく、トールキンのゼミで学んだ学生は次々と学者としての成功をおさめました。そのためトールキンの講義はつねに人気がありました。

あんなにおもしろい小説を書いて、挿絵まで描いちゃうなんてすごいのです。っていうか、あの細かくてきれいな絵はトールキン先生が描いたんですか？ますます尊敬しちゃいますですよ！

英国人トールキンの人生

トールキン氏の人格形成を知るため、彼の人生を年表形式でまとめた。通して見ると、若いころはかなり苦労が多かったようだが、それをバネにして大好きな言語学を仕事にし、幸せな人生を送ったようだな。

J.R.R.トールキン年表

年代	できごと
1892	銀行員だった父の出向先、南アフリカのブルームフォンテーンで誕生
1895	イギリスに一時帰国したとき、父が熱病で死去。母子家庭になり英国へ移住
1896	4歳でラテン語を習得
1902	母がカトリックに改宗し、親類と疎遠に
1904	母が死去
1908	少女イーディス・ブラットと出会う
1911	オックスフォード大学に入学
1913	イーディスと再会し、婚約

3歳にして母子家庭に

銀行員としてイギリス植民地の南アフリカに移住していたトールキン家の長男として誕生。しかし父親が熱病で死去したため、トールキンは母と弟とともに、イギリスにある母の実家で暮らすことになります。

教育ママの英才指導

トールキンの母はいわゆる「教育ママ」で、息子に英才教育を施します。トールキン少年が特に興味を示したのは言語学で、4歳でラテン語の文章を読めるようになりました。その後も言語への傾倒は続き、トールキンは徐々に英語の源流である古英語や北欧の言葉に興味を示しはじめます。

生涯の妻イーディスとの出会い

12歳で母を亡くしたトールキンは、教会の神父の後援を受け、下宿生活をはじめます。この下宿でトールキンは、3歳年上のイーディスという小柄な美少女と出会い、恋に落ちます。ですが神父は、21歳になるまで彼女との一切の交友を禁じ、トールキンはこれに忠実に従いました。

21歳になったトールキンがイーディスに交際を求める手紙を出すと、彼女はすでに別の男性と婚約していました。ですがトールキンは熱烈な求愛で、彼女との婚約を取り付けたのです。

衝撃の戦争体験

1915年、イギリスは「第一次世界大戦」に参戦。通信士官となったトールキンは、第一次大戦で最大となる100万人あまりの死傷者を出した激戦「ソンムの戦い」に従軍します。この戦争での悲惨な光景は、『指輪物語』での大軍どうしの大規模な戦争描写に生かされています。

"サークル"が支えた執筆活動

戦争終結後、大学教員として働き始めたトールキンは、赴任先の大学に文芸サークルを作り、飲食をとりながら作品を論評しあう活動を行っていました。母校オックスフォードに赴任後は、すでに活動中だった「インクリングス」というサークルに参加します。このサークルには、のちに小説『ナルニア国物語』を執筆するC.S.ルイスをはじめとする、多くの才能が集まっていました。

トールキンは、インクリングスの会合で、自分の子供たちのために作った童話『ホビットの冒険』を朗読しました。彼はこの作品を世に出すつもりはありませんでしたが、メンバーの強い後押しで出版を決意。その名が世界に広まったのです。その後もトールキンの創作活動は「インクリングス」の会合に大いに支えられていました。

にぎやかで孤独な晩年

『指輪物語』の大ヒットにより世界的作家となり、多くの人に注目されるようになったトールキン。周囲からの評価は喜ばしいものでしたが、あまりに注目を集めすぎたため、落ち着いて執筆活動もできないほどでした。

一方で1963年、最大の理解者だったC.S.ルイスが死去すると、トールキンと互角の論陣をはって知的刺激を与えてくれる友人は少なくなっていきました。1973年、トールキンは友人宅で体調を崩し入院、9月2日に他界。その膨大な遺稿は、三男のクリストファーに引き継がれました。

年代	できごと
1915	第一次世界大戦に通信兵として従軍(1919年まで)
1916	イーディスと結婚
1917	長男ジョン誕生
1919	戦争終結
1920	リーズ大学講師
1924	三男クリストファー誕生
1925	オックスフォード大教授
1930年代	文芸サークル「インクリングス」に加入
1937	小説『ホビットの冒険』出版
1939-45	第二次世界大戦 紙不足により出版業界が縮小
1954	小説『指輪物語』出版
1959	オックスフォード大学退職
1963	盟友、C.S.ルイス死去
1971	妻イーディス死去
1973	9月2日、死去
1973	息子クリストファーの手で『シルマリルの物語』出版

作家さんって、本人死んじまってからようやく評価される人が多いもんだべ? でもトールキン先生は、若いころから評価されて、人気者になって、そいでもってファンクラブや研究会までできちまったんだから、すごいことだべなあ。

トールキンが作りたかったのはオリジナルの「言語」だった!

……ほう、これはおもしろいな? もともとトールキン氏は、『ホビットの冒険』を出版するつもりはなかったのだそうだ。彼の目的は「オリジナルの言語を作ること」で、小説はそのついでだったのだよ。

　トールキンは、言語学研究の一環として、オリジナルの言語を作ることを目指していました。彼は、言語とは「民族の歴史、地理などから生み出されるもの」だと考えていたため、オリジナルの言語を作ったのち、その言語の背景となる歴史、種族、地理を設定しました。世界的ヒットとなった『ホビットの冒険』『指輪物語』は、言語を作るために生み出した世界を舞台にした、いわば"副産物"だったのです。

中つ国世界は「言語」のために作られた!

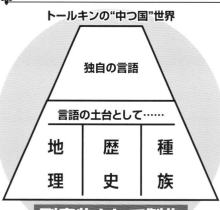

最初の動機
独自言語を作ろう!
トールキンは実在する言語の法則などを参考に、独自の言語を作りました。

必要なので
世界を作ろう。
複数の言語が発展した経緯を説明するため、地理や歴史などの世界設定を作りました。

世界を使って
物語を書こう。
言語のために作った世界を舞台に、オリジナルの物語を生み出しました。

　トールキンは北欧のフィンランド語や、イギリスのウェールズ語の音の美しさを愛しており、両者に似た音を持つ言語「クウェンヤ」と「シンダール語」を、特に力を入れて製作しました。両方の言語がなぜこのような発音、性質になったのかを説明するため、トールキンは世界の創造神話（→p166）やエルフの成り立ち（→161）などの神話を生み出したのです。

174

"中つ国"の要素はどこから来たか?

トールキン氏の小説作品は、北欧神話やゲルマン人の民話の名場面をおおいに参考にして作られている。もともと古英語の研究者だったのだから当然ともいえるな。例えばこのような感じだ。

　トールキンが生み出した物語の描写は、すべてがトールキンの創作というわけではなく、既存の神話や伝承に大きく影響を受けており、なかには意図的に神話伝承と同じ展開にしている部分もあります。

　物語づくりにおいてトールキンが参考にしたものは、英語文化の源流であり、彼の研究テーマであった、古英語や北欧の神話伝説が大部分です。

トールキンの物語の源泉

古英語詩『ベーオウルフ』
『ホビットの冒険』のスマウグ退治に

北欧神話『古エッダ』
『ホビットの冒険』のドワーフたちとガンダルフの名前がある

『ジークフリート伝説』
持ち主を破滅に導く黄金の指輪が登場

例えば…… 『ジークフリート伝説』を参考にした描写の一例

『ジークフリート伝説』の要素
・宝物を守る竜ファフニール
・所有者に偉大な力と破滅をもたらす指輪
・指輪とともに「姿が見えなくなる」護符がある
・ドラゴンの腹にある無防備な場所を剣で刺して殺す
・父が使った折れた剣を打ち直して使う

『ホビットの冒険』『指輪物語』の描写
・宝物を守る竜スマウグ
・所有者に偉大な力と破滅をもたらす指輪
・指輪に「姿が見えなくなる」力がある
・ドラゴンの胸にある無防備な場所を弓矢で射て殺す
・先祖が使った折れた剣を打ち直して使う

おお、たしかにそっくりだべさ。
ほかにも、『ホビットの冒険』に出てきたドワーフの名前がぜんぶ北欧神話の精霊の名前だったり、いろんなとこに神話と伝説の中身が使われてるべな。

　これらの神話伝承から引用された要素は、トールキンの巧みな再構築によって、物語を盛り上げる重要な一節となっています。これはいわば、トールキンによる古代神話の再構築だとも言えるでしょう。

トールキン作品と神話を比べて、似たとこ探しとか楽しそうなのです!

ファンタジー文化の成り立ち

最後に、トールキン氏の作品を軸にして、ファンタジー文化が花開いた経緯を調べてみるとしよう。氏の作品が巻き起こしたブームは太平洋を越え、遠い日本でもこれほどの流行を生み出したのだな。

すべてのファンタジーの源流は、目に見えない神々、架空の怪物などが登場する神話や伝承の世界にあります。

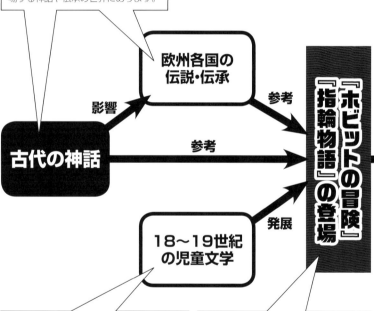

かつてファンタジーという言葉は、現実にはありえないことを描く、児童文学の1ジャンルにすぎませんでした。『不思議の国のアリス』や『オズの魔法使い』のように大人にも評価されたものはありましたが、文学としての評価は現在よりも低いものでした。

1920年ごろから、ファンタジーはしだいに大人も楽しめる娯楽作品に変貌をとげていきます。その決定打となったのがトールキンの作品群、なかでも壮大な架空の神話として書き上げられた第二作『指輪物語』だったのです。

ハイ・ファンタジーとは、異世界を舞台に展開するファンタジー作品の総称です。ハイ・ファンタジーは『指輪物語』以前から存在したジャンルですが、『指輪物語』のアメリカでのヒット後に大ブームとなりました。わが国日本においても、異世界を舞台にした大人向けのファンタジー小説が多数作られています。

本格ファンタジー小説
- 『リーンの翼』
- 『グイン・サーガ』
- 『アルスラーン戦記』

日本では……

ハイ・ファンタジーブームの到来!
- 『ナルニア国物語』
- 『ゲド戦記』
- 『エルリック・サーガ』
- 『魔法使いハウルと火の悪魔』

影響

ライトノベル系ファンタジー作品
- 『ロードス島戦記』
- 『スレイヤーズ!』等のライトノベル作品群
- 国産テーブルトークRPG

影響

「ロールプレイング・ゲーム」の登場
- 『Dungeons & Dragons』
- 『RuneQuest』

日本では……

派生

「コンピューターRPG」の隆盛
- 『ウルティマ』
- 『ウィザードリィ』

アメリカで『指輪物語』大ブーム!

一般読者の「自分もファンタジー世界で冒険したい」という欲求に答えたのが、『Dungeons & Dragons』などのロールプレイングゲーム（→ p12）です。ロールプレイングゲームの世界観が小説、マンガなどに逆輸入される一方で、ゲームもコンピューター上で遊べるものに進化していきます。国内では『ドラゴンクエスト』をはじめとする多くの名作を生みました。

日本では……

コンピューターファンタジーRPG
- 『ドラゴンクエスト』
- 『ファイナルファンタジー』
- 『イース』

レジスタンス、最後の戦い!!

さあ、私からの助力はこれで終了だ。
これまでお前たちに引き合わせてきた46のデミヒューマン種族、どれだけでもスカウトしてくるがいい。なんなら全員仲間にしてもかまわんのだぞ？

むむむ、誰をスカウトするべか？
46も種族がいると、どんなチームをつくるのがいいか悩むべ。

（履歴書をぺらぺらとめくりながら）不合格……不合格……保留……論外……。
ダメダメなのしかいないのです。品がないのは嫌だし、だいたい寿命がたった80年とか付き合いきれないですし……。

ああ～もう、贅沢言うでねえだ！
何百年も生きるデミヒューマンなんかそんなにたくさんいねえべさ！
そんな条件でレジスタンスさ入ってくれるデミヒューマンなんかいるわけ……！

いるさ、ここにふたりな！

 # だ、だれだべさ！

フェンリル！ ワーウルフの戦士さ！
アタシの先祖は、勇者と一緒に魔王と戦ったんだ。ご先祖様が勝てなかった相手に挑戦できるなんて運が良いね！ 腕が鳴るってやつさ！

私は海のデミヒューマン、海王族の女王「ルサルカ」。
かつて、そこの狼と一緒に魔王と戦った者の末裔ですわ。海王族の名誉を取り戻す絶好の機会、逃すわけにはいきませんことよ。

アタシ（わたくし）たちのご先祖様の活躍は、
「萌える!モンスター事典」三部作（陸、海、天の巻）を
参照してくれ!!（くださいですわ!!）

ほう、そのふたりが味方についたか。
これは我も、多少は本気を出さなければいかんようだな。ならばよし！ 我は魔王、レジスタンスのハツとその一党の挑戦を受け……む？ 何だ？

フォンフォンフォンフフォン……

うわっ!? でっけえ円盤が空に浮いてるべ! これが魔王の切り札だか!
ふっこちゃん! いっぺん離れるだ!

……ちょっと待つです、おハツさん。
……なんだか様子が変なのですよ? あっ、なんか伸びてるです。はしご?

ムカエニキマシタワガムスメヨ　サガシマシタヨ

なんかでてきたー!?

お、お、おお、父上! 母上!
もう二度と会えないと思っておりましたぞ!(抱きっ)

しかも家族ー!?

ああ、父母とは何百年も前に生き別れてな。魔王となってから全世界を魔法で探しても見つからず、もはや二度と会えまいと思っていたが……いや、まさか私が星系外の生まれだったとは。惑星内を探しても見つからないわけだ。

魔王さ、ダークエルフですらなかったべか……。
ですね……。

萌える! デミヒューマン事典　これにておしまい!

イラストレーター紹介

いんやーたまげたべなぁ、この本のために絵描きさが52人も集まって、オラたちデミヒューマンを描いてくれたべさ。じっつにありがてえことだべ。

島風(しまかぜ)
●表紙

表紙を描かせていただきました島風と申します。エルフというと金髪色白やプラチナブロンドですがダークエルフもよいと思います。

Soundz of Bell
http://homepage2.nifty.com/sob/

C-SHOW(ししょう)
●巻頭、巻末コミック
●案内キャラクター

案内キャラ&コミックを担当させていただきました。今回はダウナー系キャラばかりなので、かわいく描けているかちょっと心配です。物語のほうもとんでもないオチになっていますが、実はオープニングコミックに伏線が張られていたりします。……気がついてもらえたでしょうか？

おたべや
http://www.otabeya.com/

皐月メイ(さつき めい)
●カットイラスト

初めまして皐月メイと申します。
今回描かせていただいた中に「エルフ」がいるのですが、「萌える！妖精事典」でもエルフを描かせていただいていたのでお願いをして同じエルフの子を描かせていただきました。妖精事典を持っている人は是非見比べてみてください。

pixiv ページ
http://www.pixiv.net/member.php?id=381843

閏あくあ(うるう あくあ)
●エルフ(p18)

『エルフ』を担当させていただきました閏あくあです。今回はありがたく見開きで描かせていただきました。
本当はもっといろんなエルフちゃんを描きたかったです…！

pixiv ページ
http://www.pixiv.net/member.php?id=4057947

菊屋シロウ
●トロール(p21)

トロールを描かせていただきました菊屋シロウです。人間より一回り大きな亜人ということで、見上げる迫力がありながらもかわいい女の子になるよう気をつけました。再生能力の表現が難しかったです…! 戦っている最中の絵ですが、きっと怒らせなければ優しい子なのでは…!? と思っております!

菊と白雪
http://kikuya.whitesnow.jp/

いけだ
●ケンタウロス(p31)

初めまして。ケンタウロスを担当させて頂きました「いけだ」と申します。
このような本に描かせて頂けるのは仕事柄非常に希です。少しでも目に止まると幸いです、どうぞよろしくお願いします〜。

pixivページ
http://www.pixiv.net/member.php?id=55126

琴すおみ
●ハーピー／セイレーン(p33)

ハーピー＆セイレーンを担当させて頂きました琴すおみと申します。

セイレーンに誘惑されたい、ハーピーに悪戯されたいという一心で描きました。

MADOGIWAYUKI
http://kotocotton.tumblr.com/

むりょたろ
●サテュロス(p35)

サテュロスを担当させて頂きました、むりょたろです。
厳ついイメージがあるサテュロスをどう描くか最初は悩みましたが、なんとか可愛く描けたと思います。普段使わない色、モチーフを描くことが出来て非常に楽しかったです。ありがとうございました!

pixivページ
http://www.pixiv.net/member.php?id=1642433

此処シグマ
●アマゾン(p37)

はじめまして、此処シグマと申します。
「アマゾン」と聞いて原始的な部族かなと思ったのですが、ギリシャの女性だけの部族ということで文明的な生活をしていたのかなと考えながら描いていました。

えとせトラ
http://demo324.blog81.fc2.com/

オノメシン
●ミノタウロス(p39)

ミノタウロスといえばガチムチのイメージなので、そのまま女体化してしまいました。

弾丸ハニィ
http://mauishook.blog.fc2.com/

コバヤシテツヤ
●ゴルゴーン(p41)

今回は珍しくメジャーなゴルゴーンです。
わたくし衣服までは石化しない系の石化が大好き派でありますゆえ、とても楽しく描かせていただきました。

ジャブロー2丁目
http://www17.plala.or.jp/jabro2/

天領寺セナ
●ワーウルフ(p44)

初めまして。こんにちは、狼男を担当させて頂きました天領寺セナと申します。
狼男は女性も男性も存在するらしいですね！ 満月の夜道ではとって食われないようお気をつけ下さい！ 素敵なテーマを頂けたこと、感謝感激でした！

Rosy lily
http://www.lilium1029.com/

らすけ
●ヴァンパイア(p47)

今回は「ヴァンパイア」を担当させていただきました。ヴァンパイアの服装は露出が少ないのでなんとかセクシーにしようと試みました。お尻や胸など拘っておりますので見ていただけると嬉しいです。コウモリも資料とだいぶにらめっこしました。見れば見るほど可愛かったです。

Raison d'etre
http://rathke-high-translunary-dreams.jimdo.com/

へいろー
●ズメウ(p49)

はじめまして、へいろーと申します。
4月生まれの大学生絵描きです。東京都出身東京都在住。
今回描かせていただいた子はドラゴン娘ということで、普段描くことがないジャンルだった分難しかったですが、とっても楽しくやらせていただきました！

pixivページ
http://www.pixiv.net/member.php?id=2203048

九鳥ぱんや
●ハッグ(p51)

ハッグを担当いたしました、九鳥ぱんやです。
ヨーロッパの『山姥』ということで、ロリババア的なアプローチで、楽しく描かせていただきました。
暗闇に浮かぶおへそにドキッとしてもらえたなら嬉しいです！
ありがとうございました！

チキラータ
http://chickelata.tumblr.com/

あれっきー
●ジャイアント(p53)

ジャイアントを担当させて頂きました。
「冒険者の女の子とワイワイ楽しく旅の途中」
そんなイメージで描きました。
バトルはおまかせ！ なガッチリボディにしてみました。

pixivページ
http://www.pixiv.net/member.php?id=7569

山鳥おふう
●フェアリー(p57)

フェアリーは子供を連れ去るとか怖い伝承もありますが、最初にイメージしたのは可愛い小さなイタズラっ子でした。そんなフェアリーが森に来た旅人をイタズラで迷わせているシーンを描いてみました。旅人にはちょっとしたイタズラレベルではないかもですが…(笑)

YAM

http://ya.matrix.jp

こちも
●オーガ(p59)

今回担当したオーガは、ヨーロッパで畏怖の対象となる空想的存在です。日本にも若い娘をかどわかし、子をなす(人食い)鬼の伝承があります。
いつの時代、どの場所にも人間が畏怖する対象が存在したのは、人がただ傲慢に生きないようにするための戒めだったと言えるのかもしれません。

kochimo

http://www.eonet.ne.jp/~kochimo/

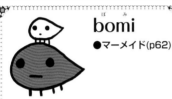

bomi
●マーメイド(p62)

フリーランスのイラストレーター。代表作：漫画「しままん」TCG「WIXOSS」DMMブラウザゲーム「千年戦争アイギス」など。
ヒトデは海でこそよくいるものの川で見つかった事が無いらしいので川で見つけたら大発見です。

bo226

http://bomi226.wix.com/bo226

ムロク
●ナーガ(p67)

ナーガを描きましたムロクです。
気が強そうなお姉さんっぽくなってすごく満足してます。
下半身が蛇っていいですね！ナーガさん可愛い！

pixivページ

http://www.pixiv.net/member.php?id=3152790

けいじえい
●ヴァナラ(p69)

ヴァナラを担当させて頂きました、けいじえいと申します。
今回はヴァナラ族の中でも特にメジャーなハヌマーンをモチーフにして、ヴァナラ族の中のヒーローを想い描いてみました。

pixivページ

http://www.pixiv.net/member.php?id=5021598

フジヤマタカシ
●グール(p71)

グールというと、死肉を喰らうアンデッドモンスターくらいの認識しかなかったのですが、女のグールもいて性的に人を喰らうというのもあるって言うんだから面白いですね〜。

pixivページ

http://www.pixiv.net/member.php?id=142307

ものと
●天狗(p73)

はじめまして！天狗を担当させていただきましたものとです。
今回は天狗の中での最高位である大天狗をイメージして、高飛車なお姫さまっぽく描いてみました。絶対領域に着目していただけるとうれしいです。ありがとうございました！

pixiv ページ
http://www.pixiv.net/member.php?id=1137649

しのはらしのめ
●雪女(p75)

雪女を描かせて頂きましたしのはらです。自分は暑いのが苦手なので見た目からひんやりな雪女にはとても癒やらされました。暑くなって…きま…した…ね…

しのしの
http://sinosino.cocotte.jp/

みょんこ
●コロボックル(p77)

はじめまして、みょんこと申します。今回コロボックルということで民族衣装のちみっこです。大好きです。
かわいくなーれと念じながら描きました！とっても楽しかったです (o・ω・o)

AMERIUM
http://kokosith.wix.com/amerium

さくも
●河童(p79)

河童を担当させて頂きました、さくもと申します。イラストを見て下さった方に状況やセリフを想像してもらえる一枚になっていれば幸いです。

pixiv ページ
http://www.pixiv.net/member.php?id=7889255

オロ
●鬼(p81)

ムチムチ鬼お姉さまを描かせていただきました！強くてセクシーな角っ子といっしょに晩酌をしたい、そんな夢を詰め込んでみました。

pixiv ページ
http://www.pixiv.net/member.php?id=2709025

みえ
●スキアポデス(p85)

はじめまして！みえと申します。
今回スキアポデスのイラストを担当致しました。
普段からよく女の子を描いているのですが、今回は「亜人事典」ということでいつもとは一味違った女の子を描けてとても楽しかったです！　他の作家様のイラスト共々、楽しんで頂けますと幸いです！

pixiv ページ
http://www.pixiv.net/member.php?id=344170

あみみ
●プレミュアエ
(p87)

今回の題材のお話を聞いて真っ先に思い出したのが、中学生の頃ジャージを被ってふざけた記憶でした。

えむでん
http://mden.sakura.ne.jp/mden/mden.html

よつば
●アストミ(p91)

3度めの萌え辞典にイラスト掲載せていただき本当に嬉しいです！
アピールポイントは下乳です（笑）

Trevo
http://428clv.blog.fc2.com/

咲良ゆき
●キュノケファロス
(p93)

「萌える！事典シリーズ」にお呼びいただきましたこと、大変光栄に思います…！ この度はデミヒューマン事典ということで、恐縮ながらもキュノケファロスちゃんを楽しく描かせていただきました！ 背中にくっついているのはキリストちゃんです。歴史と共に楽しんでいただけたら幸いです。

Clochette
http://sakulayuki.wix.com/sakurayuki

粗茶
●ホビット(p97)

ランチを森の中で頬張るホビットをイメージして描きました。普段あまり描かない雰囲気なのでとても楽しかったです！

pixiv ページ
http://www.pixiv.net/member.php?id=10210

タカツキイチ
●ダークエルフ
(p101)

この度はダークエルフを担当させていただきました、タカツキイチです。ダークエルフという特殊な種族を描かせていただきまして、セクシーながらも細い線のキャラ、そして鎧のギャップ等描けて楽しかったです！ 胸から腰にかけて気合入れて描きましたのでよろしくお願いします！

ITIBOSI
http://takakutiiti.tumblr.com/

海鵜げそ
●ハーフエルフ
(p103)

海鵜げそと申します。子供の頃からファンタジー作品が好きで、エルフも大好きでした。きれいなエルフは尚良いです（笑）。神秘的ですよね。描くのも好きなので今回ハーフエルフのイラストを担当する事が出来てとても嬉しいです！

MYTH+
http://www.welsys.com/commacomma/

毛玉伍長(けだまごちょう)
● ゴブリン(p107)

D&D 以来の長い付き合いのモンスターと言う事もあって、ネタが多すぎてアレもしたいコレもしたいで二兎追う者は一兎得ずになってしまいました。狼に乗っていたり爆弾扱ってたりって、完全にゲームのイメージですよね。何はともあれ、悪戯好きっぽい感じが出せてると良いなと思います。

けづくろい喫茶
http://kedama.sakura.ne.jp/

Hirno(ひるの)
● オーク(p111)

はじめまして、Hirno（ひるの）です。この度はオークを描かせていただきました！エルフが堕落して醜い姿になったのがオークという諸説を見て結構オークに対しての見方が変わりました…。ですがそれはオークが可愛い限定の話であった！

ZIGZAG
http://hirnoid.tumblr.com/

河内やまと(かわち)
● エント(p113)

河内やまとです！今回、木の巨人エントを描かせて頂きました。
小さいキャラと大きいキャラを同時に描く構図にえらく苦労してしまいましたが。少しはファンタジーな雰囲気など出てると良いのですがいかがでしょうか？

んこみみ
http://kawachiyamato.tumblr.com/

P!k@ru(ぴかる)
● コボルト(p117)

ゲームなどの影響から二足歩行をする犬のイメージしかなかったコボルドですが、今回は伝承にあるもうひとつの姿も合わせて描かせて頂きました。
手懐けて一緒にコバルト採掘へ行ってみたいですね。

pixiv ページ
http://www.pixiv.net/member_illust.php?id=609038

とんぷう
● サハギン(p119)

今回サハギンを担当するにあたり、「そういえば半魚人（マーマン）との違いって何だろ？」と調べて納得。
ファンタジー系のクリーチャーで出典調べて行くと、あのゲームに辿りついて「あぁやっぱり」ってコト多いです。

ROCKET FACTORY
http://rocketfactory.jpn.org/

いろはら
● リザードマン(p123)

今回リザードマンを担当しましたいろはらです。
元気で戦い好きのリザードマンというイメージで描いてみました。
水辺ということで濡れている表現なども頑張ってみたのでその辺りも見て頂ければ嬉しいです！

pixiv ページ
http://www.pixiv.net/member.php?id=1082645

大山ひろ太
●リッチ(p127)

今回リッチを担当させて頂きました大山ひろ太と申します。
廃墟になった神殿の地下で生き続ける高名な魔法使いというイメージで描きました。とても楽しく描かせて頂きました！不気味な雰囲気の中に可愛さや儚さを表現できていればいいなと思います。

pixiv ページ
http://pixiv.me/sentaro-mm

あまぎゆきかぜ
●カットイラスト

地図・指輪等のカットを担当させていただいたあまぎです。小さいですが見つけて下さい（笑

湖湘七巳
●カットイラスト

カラーとモノクロのカットで参加させていただきました、湖湘七巳です。
トールキン先生を描かせていただき光栄です！

極楽浄土彼岸へ遥こそ
http://shichimi.la.coocan.jp/

藤井英俊
●リアル亜人イラスト

Vector scan
http://vectorscan.exblog.jp/

田阪新之助
●ドワーフ(p24)

田阪奉行所
http://mofun.jp/tasaka/

yu-ri
●ドッペルゲンガー(p27)

てきとう
http://kuromaaaaa.tumblr.com/

この本さ作ったのは、
TEAS事務所って人たちらしいべ。
書籍だとか雑誌だとかを、
編集したり執筆して働いとるんだべ。

これがその人間たちの
「ホームページ」と「twitter」ですね。
本についての最新情報も
読めるみたいなのです。
http://www.studio-teas.co.jp/index.html
https://twitter.com/

ひのほし☆
●ニンフ(p29)

pixiv ページ

http://www.pixiv.net/member.php?id=565796

松田トキ
●ミュルミドーン (p89)

cyancable

http://cyancable.web.fc2.com/

DSマイル
●マンガブー (p115)

pixiv ページ

http://pixiv.me/kd998

たかへろ
●ケットシー (p121)

あんぷりふぁ！

http://takaheron.blog.shinobi.jp/

れんた
●マイルーン (p125)

既視感

http://detectiver.com/

しかげなぎ
●カットイラスト

SugarCubeDoll

http://www2u.biglobe.ne.jp/~nagi-s/

この「萌える！デミヒューマン事典」を作ったスタッフを紹介しよう。

萌える！デミヒューマン事典　staff

著者	TEAS事務所
監修	寺田とものり
テキスト	岩田和義（TEAS事務所）
	岩下宜史（TEAS事務所）
	朱鷺田悠介（スザク・ゲームズ）
	桂令夫
	たけしな竜美
	鷹海和秀
協力	當山寛人
	内田保孝
本文デザイン	神田美智子
カバーデザイン	筑城理江子

主要参考資料

『プリニウスの博物誌 1〜3巻』プリニウス 著／中野定雄ほか 3 名 訳（雄山閣出版）
『図説 ヨーロッパ怪物文化誌事典』松平俊久 著／蔵持不三也 監修（原書房）
『東方旅行記』J・マンデヴィル 著／大場正史 訳（平凡社）
『西洋中世奇譚集成 皇帝の閑暇』ティルベリのゲルファシウス 著／池上俊一 訳（講談社学術文庫）
『世界の怪物・神獣事典』キャロル・ローズ 著／松村一男 訳（原書房）
『イーリアス 上下巻』ホメロス 著／松平千秋 訳（岩波文庫）
『日本妖怪大事典』村上健司 著／水木しげる 画（角川書店）
『決定版 日本妖怪大全 妖怪・あの世・神様』水木しげる 著（講談社）
『日本「神話・伝説」総覧』宮田登 著（新人物往来社）
『日本伝説伝説大事典』乾克己ほか 4 名編 著（角川書店）
『日本幻獣図説』湯本豪一 著（河出書房新社）
『モノと図像から探る怪異・妖怪の世界』天理大学考古学・民俗学研究室 著（勉誠出版）
『妖怪図巻』京極夏彦 著／多田克己 編・解説（国書刊行会）
『コロボックルとはだれか──中世の千島列島とアイヌ伝説』瀬川拓郎 著（新典社）
『新版 河童の世界』石川純一郎 著（時事通信社）
『オズと不思議な地下の国』ライマン・フランク・ボーム 著／佐藤高子 訳（早川書房）
『人魚伝説』ヴィック・ド・ドンデ 著／荒俣宏 監修／富樫瓔子 訳（創元社）
『怪物の本 モンスター博物館』荒俣宏 著（集英社）
『妖精学大全』井村君江 著（東京書籍）
『図説世界未確認生物事典』笹間良彦 著（柏書房）
『インド神話入門』長谷川明 著（新潮社）
『新訳ラーマーヤナ 1〜7 巻』ヴァールミーキ 著／中村了昭 訳（平凡社）
『おひさまをほしがったハヌマン』A. ラマチャンドラン 作・絵／松居直 訳（福音館書店）
『パラケルススと魔術的ルネサンス』菊地原洋平 著／ヒロ・ヒライ 編（勁草書房）
『幻獣辞典』ホルヘ・ルイス・ボルヘス 著／柳瀬尚紀 訳（河出書房新社）
『錬金術（文庫クセジュ）』セルジュ・ユタン 著／有田忠郎 訳（白水社）
『龍と人の文化史百科』池上正治 著（原書房）
『世界の妖精・妖怪事典』キャロル・ローズ 著／松村一男 訳（原書房）
『歴史学事典〈3〉かたちとしるし』尾形勇ほか 4 名編 編著（弘文堂）
『歴史学事典〈4〉民衆と変革』南塚信吾ほか 4 名編 編著（弘文堂）
『人狼伝説 変身と人食いの迷信について』ジャン・ド・ニノー 著／清水千香子・ウェルズ恵子 共訳（人文書院）
『狼憑きと魔女』ジャン・ド・ニノー 著／池上俊一監修・富樫瓔子 訳（工作舎）
『狼と西洋文明』クロード=カトリーヌ・ラガッシュ 著／高橋正男 訳（八坂書房）
『幻想文学大事典』ジャック・サリヴァン 編著／高山宏、風間賢二 訳・監修（国書刊行会）
『妖精事典』キャサリン・ブリッグス 編著／平野敬一、井村君江ほか 2 名 訳（冨山房）
『神の文化史事典』松村一男、平藤喜久子、山田仁史編 編（白水社）
『妖精の国の扉──フェアリーランドへ導く九つの鍵』井村君江 著（大和書房）
『ヴィジュアル版 世界幻想動物百科』トニー・アラン 著／上原ゆうこ 訳（原書房）
『コディングリー妖精事件』ジョー・クーパー 著／井村君江 訳（朝日出版社）
『世界の民話 4 東欧 1』小沢俊夫編 著／飯豊道男 訳（ぎょうせい）
『ルーマニアの民話』直野敦、住谷春也 共訳編（恒文社）
『吸血鬼の事典』バンソン・マシュー 著／松田和也 訳（青土社）
『図説ギリシア・ローマ神話文化事典』ルネ・マルタン 著／松村一男 訳（原書房）
『ギリシア神話 上下』R・グレーヴス 著／高杉一郎 訳（紀伊國屋書店）
『狼の民俗学─人獣交渉史の研究』菱川晶子 著（東京大学出版会）
『図説妖精百科事典』アンナ・フランクリン 著／井辻朱美 訳（東洋書林）
『山海経 中国古代の神話世界（平凡社ライブラリー）』著／高馬三良 訳（平凡社）
『中国の妖怪人物事典』実吉達郎 著（講談社）
『図説 ファンタジー百科事典』デイヴィッド・プリングル 編著／井辻朱美 訳（東洋書林）
『補強新版 スラヴ吸血鬼伝説考』栗原成郎 著（河出書房新社）
『「指輪物語」エルフ語を読む』伊藤盡 著（青春出版社）
『トールキンの世界』リン・カーター 著／荒俣宏 訳（晶文社）
『J.R.R. トールキン（現代英米児童文学評伝叢書）』水井雅子 著（KTC 中央出版）
『指輪物語完全ガイド―J・R・R・トールキンと赤表紙本の世界』河出書房新社編集部 編著（河出書房新社）
『The Atlas of Middle-Earth「中つ国」歴史地図 ─ トールキン世界のすべて』カレン・ウィン・フォンスタッド 著／琴屋草 訳（評論社）
『指輪物語 1〜9 巻』J.R.R. トールキン 著／瀬田貞二、田中明子 訳（評論社）
『ホビットの冒険』J.R.R. トールキン 著／瀬田貞二 訳（岩波書店）
『シルマリルの物語 上下』J.R.R. トールキン 著／田中明子 訳（評論社）
『図説 トールキンの指輪物語世界─神話からファンタジーへ』デイヴィッド・デイ／井辻朱美 訳（原書房）
『トールキン指輪物語事典』デビッド・デイ、ピーター・ミルワード 著／仁保真佐子 訳（原書房）
『エッダ 古代北欧歌謡集』谷口幸男 訳（新潮社）
『Empire of Imagination: Gary Gygax and the Birth of Dungeons & Dragons』Michael Witwer 著（Bloomsbury Pub Plc USA）
『白き狼の宿命』マイクル・ムアコック 著／井辻朱美 訳（早川書房）
『ストームブリンガー』マイクル・ムアコック 著／井辻朱美 訳（早川書房）
『時間に忘れられた国』エドガー・ライス・バローズ 著／厚木淳 訳（東京創元社）
『金星の海賊』エドガー・ライス・バローズ 著／厚木淳 訳（東京創元社）
『小鬼の市』ヘレン・マクロイ 著／駒月雅子 訳（東京創元社）
『ロードス島戦記』水野良 著（角川書店）
『ドラゴンランス 1〜6』マーガレット・ワイス、トレイシー・ヒックマン 著／安田均 訳（角川書店）
『ヘイムスクリングラ 北欧王朝史 1〜4』スノッリ ストゥルルソン 著／横山民司 訳／谷口幸男 訳（プレスポート、北欧文化通信社）

■ ウェブサイト

ホビージャパン　ダンジョンズ＆ドラゴンズ日本語版公式サイト
http://hobbyjapan.co.jp/dd/
宮崎県観光課「ひむか神話街道」
http://www.kanko-miyazaki.jp/kaido/Letters on Demonology and Witchcraft by Walter Scott
http://www.gutenberg.org/cache/epub/14461/pg14461-images.html

■索引

項目名	分類	ページ数
アールヴ	神・超常存在	16,17,104,133,134
アイゼンガルド	地域・場所・建物	158,159,169
アイヌア	神・超常存在	163
アヴァリ	用語	161
アキレウス	神・超常存在	30,88
アスクレピオス	神・超常存在	30
アストミ	デミヒューマン	90
アトラス	神・超常存在	54
アマゾン	デミヒューマン	36
アマン	地域・場所・建物	161,167,168
アラゴルン	人名	104,152,154,155,158,159,168
アルダ	地域・場所・建物	166-168
アルプ	神・超常存在	133,134
アンデッド	用語	70,126
アンデルセン	人物	61
『E.T.』	非ファンタジー作品	98
イシルドゥア	人名	154,155,159
イスタリ	神・超常存在	155,163
インクリングス	用語	173
『インド誌』	詩・伝承・古典	90,92
インド神話	詩・伝承・古典	66,68
ヴァナラ	デミヒューマン	68
ヴァラール	神・超常存在	112,163,166,167
ヴァンパイア(吸血鬼)	デミヒューマン	46,78,131
ヴァンヤール	用語	161
ウールヴヘジン	用語	43,139
ヴェーダ	詩・伝承・古典	68
エウリュアレ	デミヒューマン	40
エティン	デミヒューマン	52
エルフ	デミヒューマン	10,12,16,17,22,46,48,96,98,100,102,104,110,112,130-137,142,144,149-151,153-155,157,160,161,163-167,169,174
エルロンド	人名	104
エレボール	地域・場所・建物	150,169
エント	デミヒューマン	20,112,144,158,163,169
『王の帰還』	ファンタジー作品	147,156,159
『大江山の酒呑童子』	詩・伝承・古典	80
オーガ	デミヒューマン	22,52,58,80,82,105
『狼男の殺人』	非ファンタジー作品	42,139
オーク=ナス	デミヒューマン	110
『オズの魔法使い』	ファンタジー作品	114,176
『オデュッセイア』	詩・伝承・古典	55
鬼	デミヒューマン	80,82
オベロン	神・超常存在	133
『終わらざりし物語』	ファンタジー作品	56,146
河童	デミヒューマン	78,133
カトリック	用語	61,64,139,172
貴賓人	用語	161
ガンダルフ	人名	148,150,151,155,157-160,163,175
キアス	用語	165
ギガース	神・超常存在	52,54
ギムリ	人名	154,155
キャットフォーク	デミヒューマン	120
キュクロプス	神・超常存在	54,55
キュノケファロス	デミヒューマン	92
狂犬病	用語	43,140
巨人	神・超常存在	20,22,23,52,54-56,58,110,112163
ギリシャ神話	詩・伝承・古典	28,30,32,34,36,38,40,52,54,55,60,88,94,124
キリスト教	用語	43,54,61,64,84,92,110,124,139
クウェンタ・シルマリリオン	ファンタジー作品	160,161
クウェンヤ	用語	164,165,174
グール	デミヒューマン	70
クズドゥル	用語	164
『クトゥルフ神話』	非ファンタジー作品	64
グラスランナー	デミヒューマン	98
鞍馬天狗	人物	72
グレンデル	怪物	110
『怪談』	非ファンタジー作品	74
刑天	デミヒューマン	109
ゲイリー・ガイギャックス	人名	137
ケイロン	神・超常存在	30
ケット・シー	デミヒューマン	120
ケラッハ・ヴェール	デミヒューマン	50
ケルト神話	詩・伝承・古典	16,22
ケンク	デミヒューマン	72
『幻獣事典』	詩・伝承・古典	20
ケンタウロス	デミヒューマン	30,114
小泉八雲	人物	74
『皇帝の閑暇』	詩・伝承・古典	86,88,99
『古エッダ』	詩・伝承・古典	55
ゴクリ	人名	150,158,159,164
『子供のための童話集』	ファンタジー作品	61
ゴブリン	デミヒューマン	12,106,108,116,151,163
コボルト	デミヒューマン	116
ゴリアテ	怪物	54
ゴルゴン(ゴルゴーン)	デミヒューマン	40
コロボックル	デミヒューマン	76
ゴンドール	地域・場所・建物	154,159,168,169
サウロン	神・超常存在	104,150,154,156,158,159,167
サテュロス	デミヒューマン	34
サハギン	デミヒューマン	50,118
サム	人名	154,155,157-159
サルマン	人名	155,158,169
『ジークフリート伝説』	詩・伝承・古典	175
シェイクスピア	人名	133
シェシャ	神・超常存在	66
シェロブ	怪物	54
ジャイアント	デミヒューマン	52,54,58
シャルル・ペロー	人物	58
修験道	用語	72
女媧	デミヒューマン	109
ジョン・マンデヴィル	人名	86,99
ジョン・ロナルド・ロウェル・トールキン (J.R.R.トールキン、トールキン)	人名	12,16,17,20,22,23,96,98,104,106,108,110,137,143-146,148,160,163-166,170-176
『白雪姫』	詩・伝承・古典	23
シルマリル	用語	160,161,166
『シルマリルの物語』	ファンタジー作品	137,146,160,161,173
シンダリン	用語	154,161,164,165,174
『神統記』	詩・伝承・古典	55
人狼	デミヒューマン	42,43,138-140
スキアポデス	デミヒューマン	84,86
スキュラ	怪物	28
『スタートレック』	非ファンタジー作品	120
ステンノ	デミヒューマン	40
スフィンクス	怪物	94
スマウグ	怪物	149-151,169,175
スメヴォ	デミヒューマン	109
スランドゥイル(エルフの王)	人名	150,151,154
セイレーン	デミヒューマン	32,61
ゼウス	神・超常存在	52,54,55,88
『山海経』	詩・伝承・古典	109
『ソード・ワールド2.0』	ファンタジー作品	23
『ソード・ワールドRPG』	ファンタジー作品	98
ゾンビ	怪物	70
ダークエルフ	デミヒューマン	100,130,131,135-137,142
ダゴンとハイドラ	怪物	64
タニス	人名	102
ダビデ	人名	54
『旅の仲間』	ファンタジー作品	156,157
ダフネ	人名	28
タルタル	デミヒューマン	98
『Dungeons & Dragons』(『D&D』)	ファンタジー作品	12,20,26,30,34,40,52,56,58,66,70,74,78,98,100,102,105,108,110,116,118,120,122,126,134-137,141,142,177
チェンジリング	用語	104
力の指輪	アイテム	153,155,160
ティタン	神・超常存在	54
ティンカー・ベル	人名	56
デックアールヴ	デミヒューマン	137
テレリ	用語	161
天狗	デミヒューマン	72
テングワール	用語	165
『動物誌』	詩・伝承・古典	64

項目	分類	ページ
『東方旅行記』	詩・伝承・古典	84,86,90,92,99
ドゥリンの一族	人名	150,151
トーリン・オーケンシールド	人名	149-151,169
Tolkien on Tolkien	論文・研究書	170
ドッペルゲンガー	デミヒューマン	26
ドラ・エルフ	デミヒューマン	100,136,137
『ドラキュラ』	非ファンタジー作品	46
ドラコニアン	デミヒューマン	48
『ドラゴンランス』	ファンタジー作品	48,102
ドリッズド	人名	137
トリトン	神・超常存在	94
トロイア戦争	用語	88
トロール(トロル)	デミヒューマン	20,52,58,163
ドワーフ	デミヒューマン	10,12,16,17,22,23,46,96,98,112,130,144,146,148-151,153-155,163-166,169,175
Tunnels & Trolls	ファンタジー作品	56
ナーガ	デミヒューマン	66
『長靴をはいた猫』	ファンタジー作品	58
中つ国	地域・場所・建物	12,96,98,104,144-146,148,152,154,157,160-168,170,171,174,175
ナズグル	怪物	153,155
『南極フランス異聞』	詩・伝承・古典	36
ナンドール	用語	161
人魚	デミヒューマン	32,60,61
『人魚姫』	ファンタジー作品	60,61
ニンフ	デミヒューマン	28,34,36,74
ネレイス	神・超常存在	94
『農夫ジャイルズの冒険』	ファンタジー作品	170
ノーム	デミヒューマン	98
ノーライフキング	デミヒューマン	126
野伏(レンジャー)	用語	152
ノルドール	用語	161
ハーピー	デミヒューマン	32
ハーフエルフ	デミヒューマン	102,104,110
ハーフオーク	デミヒューマン	105,110
ハーフリング	デミヒューマン	96,98
パーラータ	地域・場所・建物	66
『博物誌』	詩・伝承・古典	11,84,86,90,92,94,99
馳夫(ストライダー)	人名	152,155,164
ハッグ	デミヒューマン	50
ハヌマーン	人名	68
パラケルスス	人名	128
『ハルツ山の人狼』	非ファンタジー作品	139
バルド	人名	150,151
バルログ	怪物	157
半獣人	デミヒューマン	64,118
『ピーター・パン』	ファンタジー作品	56
光のエルフ(カラクウェンディ)	用語	137,161
ビショップ・フィッシュ	デミヒューマン	64
ひとつの指輪	アイテム	104,146,150,152-159,160,167
ピピン	人名	154,155,158,159
ビヨルン	人名	151
ビルボ	人名	146,148-152,155,157,168
ピロテース	人名	100
『ファイナルファンタジー』	ファンタジー作品	98,177
ファラスリム	用語	161
フィラクタリー	用語	126
フェアノール	デミヒューマン	161,165
フェアリー	デミヒューマン	17,56,96,133
フォルン	怪物	112
深き者ども	怪物	64
二つの木(2本の輝く木)	地域・場所・建物	161,166
『二つの塔』	ファンタジー作品	147,156,158
ブラウニー	デミヒューマン	56
ブラック・アニス	デミヒューマン	50
プリニウス	人名	11,84,86,90,92,94
プレミュアエ	デミヒューマン	86,109
フロド	人名	146,152,154-159,165,168
『ヘイムスリングラ』	詩・伝承・古典	104
『ベーオウルフ』	詩・伝承・古典	110,175
ヘカトンケイル	神・超常存在	54
ヘラクレス	神・超常存在	30
ベラドンナ	用語	140
北欧神話	詩・伝承・古典	16,17,20,22,23,54,102,104,133,175
ホビット	デミヒューマン	96,98,144,146,148-149,152,154,155,163,164,168
『ホビット』	ファンタジー作品	147
『ホビットの冒険』	ファンタジー作品	12,16,20,23,96,98,106,108,143,146-148,150-152,154,157,160,161,164,167,170,173-176
ホブゴブリン	デミヒューマン	106,108
『ボヘミア年代記』	詩・伝承・古典	84,99
ホムンクルス	用語	128
ボルグ	人名	151
滅びの山	地域・場所・建物	153,156-159,169
ボロミア	人名	154,155,157,158
マーメイド	デミヒューマン	60,61,64,74,114
マイア	神・超常存在	163
マイルーン人	デミヒューマン	124
『魔術師の帝国』	ファンタジー作品	126
魔女	用語	28,43,50,104,139
『真夏の夜の夢』	詩・伝承・古典	133
マルコ・ポーロ	人名	99
マンガブー	デミヒューマン	114
マンティコア	怪物	94
ミノタウロス	デミヒューマン	38
ミュルミドーン	デミヒューマン	88
『ムーミン』	ファンタジー作品	20
ムスッペル	神・超常存在	54
メガステネス	人名	90,92
メドゥーサ	デミヒューマン	74
メリー	人名	154,155,158,159
メロー	デミヒューマン	61
モノコリ	デミヒューマン	84
『ものの本性について』	詩・伝承・古典	128
『桃太郎』	詩・伝承・古典	80
モルドール	地域・場所・建物	155,158,159,169
ヤヴァンナ	人名	112
八百比丘尼	人物	61
山伏	用語	72
闇のエルフ(暗黒のエルフ、モルクウェンディ)	用語	137,161
雪女	神・超常存在	74
『指輪物語』	ファンタジー作品	12,16,17,23,98,102,104,108,110,112,134,135,137,143,146,147,149,152,154,156,160,161,164,167,170,171,173-177
ユミル	神・超常存在	23,54
妖精	デミヒューマン	12,17,22,23,50,56,74,98,100,104,108,116,120,133,134,137,142
『妖精物語について』	論文・研究書	170
ヨトゥン	神・超常存在	54
『ラーマーヤナ』	詩・伝承・古典	68
ライカンスロービィ	用語	131,139,141
ライカンスロープ	デミヒューマン	42,131,138-141
ラビュリントス	地域・場所・建物	38
ラヴクラフト	人物	64
リザードマン	デミヒューマン	122
リッチ	デミヒューマン	126
リュカオン	人名	139
旅行記	用語	36,84,99,111
リョスアールヴ	デミヒューマン	137
『RuneQuest』(『ルーンクエスト』)	ファンタジー作品	142,177
レゴラス	人名	154,155,165
レプラコーン	デミヒューマン	56
『ロード・オブ・ザ・リング』	ファンタジー作品	147
『ロードス島戦記』	ファンタジー作品	100,135,137,177
ローラナ	人名	102
ローレライ	デミヒューマン	32
『倫敦の人狼』	非ファンタジー作品	139
ワーウルフ	デミヒューマン	42,43,131,138-140
ワーグ	怪物	108
ワータイガー	デミヒューマン	141
ワーベア	デミヒューマン	141
ワーボア	デミヒューマン	141
ワーラット	デミヒューマン	141
『綿の国星』	ファンタジー作品	120

萌える！デミヒューマン事典

2016年6月30日 初版発行

著者	TEAS事務所
発行人	松下大介
発行所	株式会社ホビージャパン

〒151-0053　東京都渋谷区代々木2-15-8

電話　　03（5304）7602（編集）
　　　　03（5304）9112（営業）

印刷所　株式会社廣済堂

乱丁・落丁（本のページの順序の間違いや抜け落ち）は購入された店舗名を明記して当社パブリッシングサービス課までお送りください。
送料は当社負担でお取り替えいたします。
但し、古書店で購入したものについてはお取り替えできません。

禁無断転載・複製

©TEAS Jimusho 2016
Printed in Japan
ISBN978-4-7986-1249-2 C0076